NOTICE

SUR

M. L'ABBÉ LECOMPTE

CHANOINE HONORAIRE

CURÉ DE SAINT-PIERRE-LE-PUELLIER

PAR

M. l'Abbé Edmond SEJOURNÉ

VICAIRE GÉNÉRAL

ORLÉANS

G. SÉJOURNÉ, LIBRAIRE-ÉDITEUR

61, rue Royale, 61

—

1893

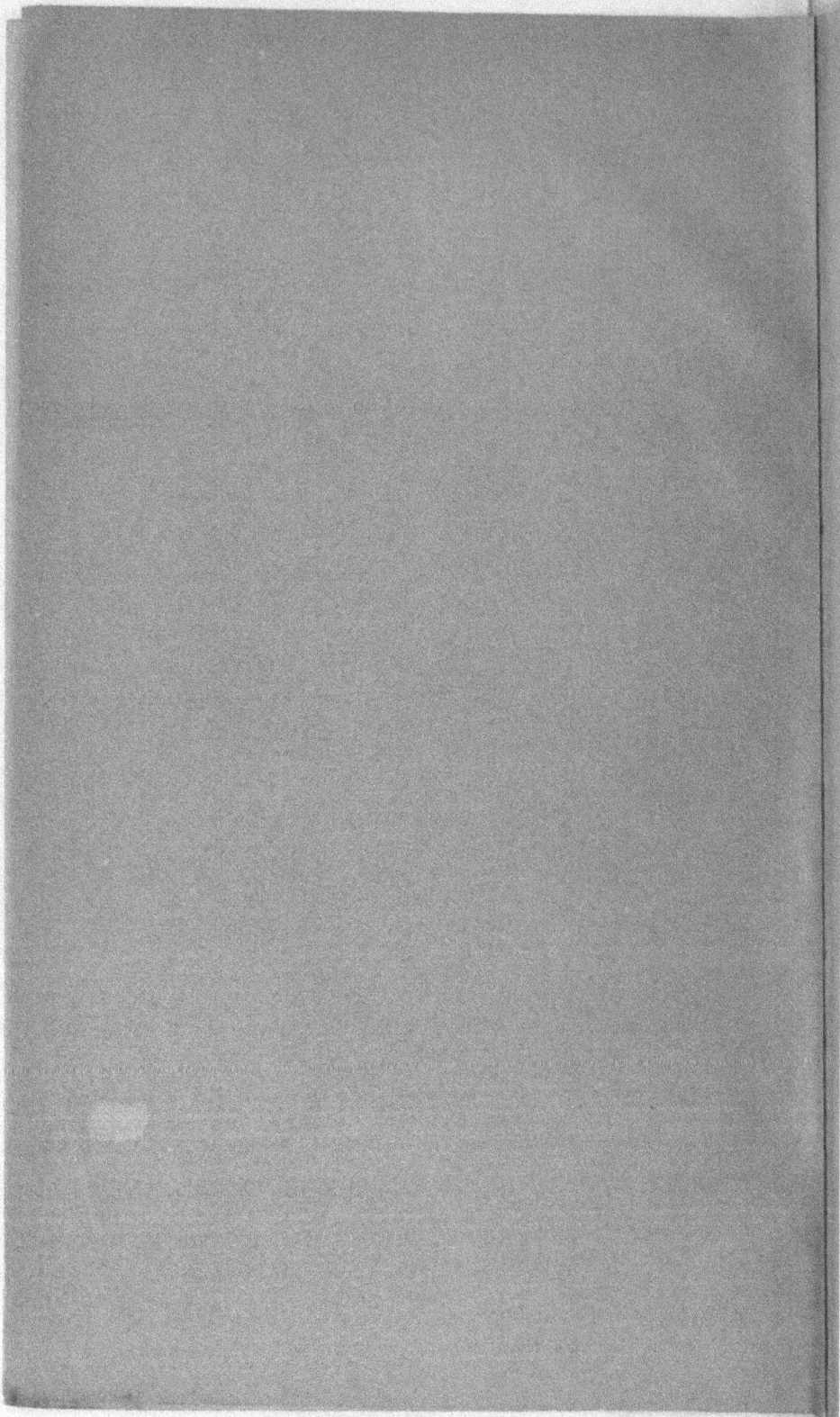

NOTICE

SUR

M. L'ABBÉ LECOMPTE

ORLÉANS. — IMP. PAUL GIRARDOT.

NOTICE

M. L'ABBÉ LECOMPTE

CHANOINE HONORAIRE

CURÉ DE SAINT-PIERRE-LE-PUELLIER

PAR

M. l'Abbé Edmond SEJOURNÉ

VICAIRE GÉNÉRAL

G. SEJOURNÉ, LIBRAIRE-ÉDITEUR

61, rue Royale, 61

1893

PRÉFACE

Dans les *Annales religieuses* d'Orléans du 9 avril 1892, à la suite d'un article sur les obsèques de M. l'abbé Lecompte, on insérait les lignes suivantes :

« Nous sommes heureux d'annoncer aux paroissiens et aux nombreux amis de M. l'abbé Lecompte, qu'une notice biographique paraîtra prochainement dans les *Annales.* »

En effet, connaissant les liens d'affection qui nous unissaient au vénéré défunt, M. l'abbé Cochard, rédacteur des *Annales,* nous avait demandé cette notice, et nous avions accepté sa proposition.

Mais tandis que nous recueillions nos souvenirs et que nous rassemblions divers documents, nous vîmes notre cadre s'élargir peu à peu, et les quelques pages, que nous avions l'intention d'écrire, devinrent une brochure.

C'est cette brochure que nous livrons à la publicité.

En la composant, nous n'avons pas eu l'intention d'écrire toute la vie de M. Lecompte ; nous nous sommes contenté d'esquisser la physionomie de ce saint prêtre. Ce travail nous était

1

plus facile qu'à tout autre, car nous avons personnellement connu, aimé et admiré M. Lecompte pendant près d'un demi-siècle, et nous avons eu la joie d'être son collègue dans le vicariat de Saint-Paul.

Nous nous rappelons avec quel bonheur les pauvres l'approchaient. Il nous semble encore entendre ce cri d'affection qui échappait aux fidèles : « Le bon M. Lecompte, » et nous n'oublions pas que ses pénitents parlant de lui, ne disaient que ces mots : « c'est un saint. »

Plaise à Dieu que nous ayons été un narrateur fidèle ! Plaise à Dieu que ceux qui ont connu M. Lecompte retrouvent dans ces pages le portrait de celui qui, depuis le jour de son ordination sacerdotale, jusqu'à l'heure de sa mort, fut vraiment le prêtre selon le cœur de Dieu.

S'il en était ainsi, nous aurions atteint le but que nous nous sommes proposé ; nous aurions édifié nos lecteurs.

C'était notre seul désir, et c'est la pensée qui nous a soutenu, tandis que nous écrivions ces pages pour lesquelles nous réclamons l'indulgence de nos bienveillants lecteurs.

Orléans, 30 mars 1893,
Anniversaire de la mort de M. Lecompte.

M. LECOMPTE

I

Son enfance. — Sa première éducation
Le Petit et le Grand-Séminaire

M. Lecompte naquit à Orléans le 22 novembre 1816. Il eut pour père, Jacques-Antoine-
Désiré Lecompte; et pour mère, Marie-Fran-
çoise Leroy. Le 25 novembre, il recevait le
saint baptême dans l'église de Saint-Paul, sa
paroisse. Son parrain, Jean-Louis-Nicolas
Proust, et sa marraine, Victoire-Françoise
Thévenin, épouse de Antoine Lecompte, lui
donnèrent les prénoms de Jean-Vrain-Victor.

Son père exerçait la profession de boulanger
dans la maison qui porte actuellement le n° 63,
rue de Recouvrance (1). Que de fois lorsque

---

(1) Au moment de la naissance de M. Lecompte, ainsi
que le relate son acte de baptême, la partie de la rue de
Recouvrance où demeuraient ses parents, portait le nom
de rue Machecôu. Cette rue s'étendait de la rue des

nous passions ensemble devant la maison paternelle, il nous montrait avec émotion, cette humble demeure qui fut son berceau ! Oh ! comme il avait la mémoire du cœur, et comme son âme aimante, l'attachait à tout ce qui pouvait lui rappeler un souvenir de famille !

Dieu lui avait donné un frère aîné, Louis-Antoine-Désiré, qui était d'un an plus âgé que lui, et une sœur un peu plus jeune, nommée Clotilde. Les trois enfants, tous fort bien doués, d'une douceur de caractère étonnante, s'aimaient avec une rare affection. Ils étaient la joie de leurs parents. Ceux-ci, chrétiens avant tout, avaient tenu à les confier à des maîtres chrétiens. M. Lecompte et son frère aîné fréquentaient les classes des Frères des Écoles chrétiennes et leur sœur suivait les cours de la pension Carpentier, pension où la religion était la base de l'enseignement.

Mais le bonheur n'est pas de ce monde, et dès les jours de son enfance, M. Lecompte en fit la douloureuse expérience.

Le 5 mars 1828, il devenait orphelin. Après de longues années de souffrances patiemment

Carmes aux rues du Chat-qui-Pêche, et du Petit-Père-Noir, deux rues dont la première s'appelle maintenant : rue Croix de Bois et la seconde, rue Muzaine.

endurées, son père était mort. Se sentant dans
l'impuissance de diriger l'établissement de son
mari, Mme Lecompte en fit la cession et se retira
avec ses enfants, au faubourg Bannier, dans la
maison où résidait encore son père. Sans posséder une grande fortune, elle jouissait cependant d'une modeste aisance qui lui permit de
donner de l'éducation à ses enfants.

Son fils aîné, jeune encore, avait entendu
l'appel du divin Maître. Il avait demandé à sa
mère de lui faire suivre ses études, afin d'arriver un jour au sacerdoce ; et sa mère, qui
ne désirait que la volonté de Dieu, s'était
rendue à ses désirs. Pour le préparer au Petit-
Séminaire dont les classes ne commençaient
qu'à la sixième, elle le confia à un maître de
pension d'Orléans qui avait su s'attirer l'estime
et la confiance des plus honorables familles.
C'était M. Leclère. Il avait pour auxiliaire son
fils, M. Eugène Leclère, très lié avec plusieurs
prêtres de la ville dont il avait été le condis-
ciple pendant le cours de ses études au Petit-
Séminaire d'Orléans. Ces prêtres adressaient
volontiers à la pension Leclère les élèves qui se
destinaient à l'état ecclésiastique. C'était sur le
conseil de M. Blandin, curé de Saint-Paterne(1),

(1) M. BLANDIN a occupé une place si honorable dans

que Mme Lecompte avait placé son fils aîné dans cet établissement.

Dans ses relations avec la famille Lecompte, M. Blandin avait remarqué le jeune Victor. Sa physionomie douce et intelligente, son air candide, sa modestie l'avaient charmé. Aussi voulut-il l'attacher au chœur de Saint-Paterne. L'enfant accueillit la proposition avec joie! Quel bonheur, disait-il, d'approcher près de l'autel, où résidait le Jésus qu'il aimait déjà

le clergé orléanais au commencement de ce siècle et M. Lecompte lui avait voué une telle vénération que nous avons cru devoir consacrer une note particulière à sa mémoire.

Né le 17 janvier 1759 à Beaune (Côte-d'Or), M. Simon-Antoine Blandin fit ses études ecclésiastiques au Séminaire de Saint-Sulpice. Après son sacerdoce il exerça quelque temps le ministère à la paroisse de Saint-Sulpice. Mais rappelé dans son diocèse, il fut nommé curé de Santenay, dans l'arrondissement de Beaune. Pourvu d'un canonicat à Autun il ne voulut point en prendre possession pour ne pas prêter serment à la Constitution civile du clergé. Il revint à Paris, et fut attaché à l'hospice Necker jusqu'au 10 août 1793. Après le massacre des Carmes, il se réfugia à Orléans où il demeura tout le temps de la révolution exerçant le saint ministère au prix des plus grandes difficultés et des plus grands périls. A la réouverture des églises, en 1802, il fut nommé

avec tant d'amour. Il possédait une belle voix.
L'entendant un jour exécuter un solo, M. Blandin l'appela et lui dit : « Mon enfant, quand
on chante ainsi les louanges de Dieu, on ne les
chante pas seulement au chœur, on doit les
chanter à l'autel. Tu seras prêtre un jour. »
Nulle prédiction ne pouvait réjouir davantage
le cher enfant. Elle entrait pleinement dans
ses désirs. Souvent déjà, parlant d'avenir, il
avait dit à son frère aîné : « Nous serons
prêtres tous deux. »

vicaire de Sainte-Croix. Le 13 juillet de l'année suivante
Mgr Bernier, tout en le conservant à la Cathédrale, le
nommait pro-secrétaire de l'évêché, et le 30 juillet 1806,
il lui donnait des lettres de vice-promoteur. Ce fut sous
l'administration de Mgr Raillon, le 25 octobre 1813, que
M. Blandin fut appelé à la cure de Saint-Paterne. Pour
honorer son ministère et sa vertu, Mgr de Varicourt le
nomma grand vicaire le 6 janvier 1820, et quelques
jours après, le 17 février, il lui confiait le supériorat de la
Grande-Providence, qui venait d'être fondée. A son entrée
dans le diocèse d'Orléans, Mgr de Beauregard renouvela
au vénérable curé ses fonctions de grand vicaire. Il les
exerça concurremment avec celles de curé de Saint-Paterne jusqu'à sa mort survenue le 7 août 1830. (*Ami de
la religion*, tome 65, page 129, n° du 19 octobre 1830 ; —
Archives de l'Évêché, *passim*. — Duchâteau, *Histoire du
diocèse d'Orléans*, p. 375).

En effet, au mois d'octobre 1829, tandis que son frère aîné entrait au Petit-Séminaire, il lui succédait à la pension Leclère.

Sa vertu fut bientôt mise à l'épreuve. Peu de temps après son admission à la pension, les froids commencèrent. L'hiver fut si terrible qu'on le désigne encore maintenant sous le nom du grand hiver de 1829.

Pendant cette rude saison, le jeune élève trouvait longue et pénible la distance qui séparait la maison de famille, de la pension. Lui-même nous l'a avoué; mais ce qu'il n'a pas ajouté et ce que ses amis nous ont appris, c'est qu'il supportait sans plainte et sans murmure, les rigueurs de la température, heureux de saisir l'occasion d'offrir à Dieu quelques sacrifices, pour mériter la grâce de sa vocation.

L'élève attira bientôt l'attention de son maître par sa docilité, son zèle pour l'étude et sa facilité. Il sut aussi se concilier l'amitié de ses condisciples qui lui vouèrent une profonde affection, et conservèrent avec lui des relations dont ses pauvres eurent plus tard à se réjouir.

Étonné de ces relations, nous lui en demandions quelquefois l'origine. Oh! nous répondait-il, « c'est un ami de la pension Leclère. »

Parmi ces amis, il en est un que nous nom-

merons volontiers, ce fut Mgr Rabotin (1).
Aussi quand cet ami devint vicaire général,
archidiacre, si M. Lecompte avait une grâce à
demander, une faveur à obtenir, nous entendions parfois ce colloque : « Mon ami, disait
Mgr Rabotin, je ne puis accéder à ta demande. »
« Vraiment, répartait M. Lecompte, toi, mon
plus vieil ami, toi que je connais depuis la
pension Leclère, tu ne m'accorderais pas ce
que je sollicite? Ma demande n'est-elle
pas raisonnable? N'est-elle pas juste? » Avec
son air un peu majestueux, Mgr Rabotin répondait : « Mon bon Lecompte, passe encore pour
cette fois. » M. Lecompte acceptait la grâce,
mais non la condition. A la première occasion,
il revenait voir son ami d'enfance, dont il
triomphait presque toujours.

L'année scolaire 1829-1830 s'écoula rapide-
ment. Elle se termina au moment où éclatait
la révolution de juillet. Cette révolution qui

(1) La vie de Mgr RABOTIN a été résumée par
Mgr Coullié dans une lettre qui a pour titre : « Lettre
circulaire de Monseigneur l'Evêque d'Orléans à l'occasion
de la mort de Mgr Rabotin, vicaire général, archidiacre d'Orléans et de Pithiviers, protonotaire apostolique. » *(Mandements de Mgr Coullié, tome III, pages 129
et suivantes.)*

renversait le trône des Bourbons et faisait présager de tristes jours pour l'Église, n'ébranla point la vocation naissante de M. Lecompte. Au mois d'octobre 1830, il rejoignait son frère aîné au Petit-Séminaire.

Dès son entrée dans cette demeure de l'étude et de la prière, il se montra ce qu'il fut durant tout le cours de ses études : élève consciencieux et laborieux. Comme il avait l'intelligence vive, le travail facile, il ne tarda pas à conquérir le premier rang dans ses classes, et chaque année il déposait avec bonheur entre les mains de sa mère les couronnes nombreuses qu'il avait remportées. Ses succès dont tous ses condisciples se réjouissaient, car il avait le don de se faire aimer par tous, ne lui donnaient ni orgueil, ni vanité. Déjà, il savait en rapporter à Dieu toute la gloire. D'une vertu précoce, d'une grande piété, il n'avait qu'une ambition, celle d'aimer et de servir Dieu de tout son cœur, pour obtenir la grâce d'être un saint prêtre et un saint missionnaire.

Jamais M. Lecompte ne nous avait révélé ces aspirations de sa jeunesse ; mais un de ses condisciples, M. Ludovic des Francs (1), qui,

(1) M. des Francs qui eut dans sa jeunesse des relations si intimes avec M. Lecompte, est le fondateur de la

pendant les deux années qu'il passa au Petit-
Séminaire, fut son confident le plus intime,
nous les racontait naguères. « M. Lecompte,
nous disait-il, d'un caractère pacifique et d'une
constitution délicate, se livrait peu aux jeux
bruyants pendant les récréations. Il préférait
de bonnes et aimables causeries. Alors il s'épan-
chait volontiers avec ses condisciples et leur
ouvrait facilement son âme. Un de ses rêves
d'avenir, leur disait-il, était de se consacrer
aux missions étrangères ! Quand il parlait des
nations encore païennes, des peuples idolâtres,
il s'enthousiasmait, et s'écriait dans un véritable transport : « Quand me sera-t-il donné
de courir au salut de tant d'âmes ? » Mais, enfant
d'obéissance, il soumit ses désirs au directeur
de sa conscience. Celui-ci lui montra que Dieu
l'appelait au ministère paroissial, où il trouve-

Société de Saint-Joseph d'Orléans. Il établit cette Société
en 1841 de concert avec M. l'abbé Tabouret et quelques
membres de la conférence de Saint-Vincent-de-Paul.
Depuis cette époque, il la dirige avec un zèle et un dévouement que les années et les infirmités ne peuvent
ralentir. Dieu a béni ses efforts. Cette Société a eu d'heureux résultats. Ils ont été racontés au jour du cinquantenaire de Saint-Joseph, et relatés dans un excellent opus-
cule qui a pour titre : *Noces d'or de la Société de Saint-
Joseph d'Orléans, le 10 mai 1891.* Orléans, Jacob, 1891.

rait sa véritable voie. » Le directeur ne se
trompait pas.

Nous avons connu plusieurs des Professeurs
de M. Lecompte au Petit-Séminaire et nous
avons entendu leur jugement sur sa personne.
L'un d'eux, M. Tabouret, l'appelait : le saint
Louis de Gonzague d'Orléans. Un second,
M. Sutin (1), ne pouvait retenir ces paroles :
« Quelle belle âme! quelle pureté! quelle can-
deur ! et cependant il a des scrupules ! » M. La-

(1) M. Sutin, est né à Pithiviers, le 29 janvier 1811. Il
fit de brillantes études, tant au Petit qu'au Grand-Séminaire. A 22 ans, il avait terminé ses cours de théologie
On lui confia alors la classe de quatrième au Petit-Séminaire ; et un an après celle de troisième. Ordonné prêtre,
le 3 juin 1835, il continua le professorat pour lequel il
avait un attrait spécial, et fut chargé successivement des
classes de seconde et de rhétorique.

Au mois d'octobre 1846, lorsque le Petit-Séminaire fut
transporté par Mgr Fayet, à La Chapelle-Saint-Mesmin,
M. Sutin quitta son cours de rhétorique et fut nommé
préfet des études. Le 1er janvier 1851, Mgr Dupanloup
récompensait ses longs services de professeur en l'appelant à la cure d'Olivet.

Mais M. Sutin, qui avait toujours vécu en communauté
ne pouvait se faire à la solitude d'un presbytère. Aussi
après trois années de séjour à Olivet, il sollicita de Mgr Dupanloup, la permission d'entrer dans la Compagnie de
Saint-Sulpice. Il fit sa solitude à Issy, et fut tour à tour,

veau nous disait : « Il était le plus sage et le
meilleur de mes élèves. » M. Maubert (1) jugeait
qu'il réunissait la science et la vertu.

Quand de tels hommes s'expriment ainsi sur
un de leurs élèves, on ne s'étonnera pas du

directeur aux Grands-Séminaires du Puy, de Viviers, et
de Sommervieux.

En 1873, ses supérieurs le rappelaient à Paris, pour
l'attacher à la Communauté qui dessert la paroisse de
Saint-Sulpice. C'est là où il vit encore à l'heure actuelle,
se dévouant malgré sa vieillesse, à toutes les œuvres du
ministère.

(1) Une notice nécrologique sur M. l'abbé MAUBERT,
publiée sans nom d'auteur, mais attribuée à M. l'abbé
Sutin, nous fait connaître ce prêtre vénérable, né à
Orléans, le 23 octobre 1801. Il fit des études remarquables
que couronnèrent de brillants succès et les grades univer-
sitaires. Désirant étudier plus profondément sa vocation,
il rentra dans le monde ; mais l'appel de Dieu s'étant
fait entendre, il revint au Séminaire où il fut ordonné
prêtre le 20 mai 1826. Pendant vingt ans, il professa
d'abord la classe de seconde, puis celle de rhétorique, et
longtemps encore il eût continué ce ministère, si sa santé
eût pu en supporter les fatigues. Le 1er octobre 1843, sur
sa demande, Mgr Fayet lui assignait comme repos la cure
de Combleux. Après trois mois de séjour, il dut résigner
ses fonctions. Il se retira alors dans sa famille et consacra ses dernières forces à l'éducation de quelques élèves,
et à l'assistance aux pieuses conférences de Saint-Vin-

jugement que porteront un jour sur lui, ses directeurs du Grand-Séminaire.

On croirait aisément en entendant de tels éloges que la vie coulait pour M. Lecompte, douce et sans nuage. Mais il n'en fut rien. Jeune encore, il connut les angoisses du scrupule et la lutte des tentations. Toute sa vie, il en porta le lourd et pesant fardeau, comme nous le dirons en racontant ses derniers moments. Mais nous tenions dès maintenant à constater ces peines intérieures afin que leur souvenir fut une lumière qui éclairât sa vie, et montrât son indomptable courage au service de Dieu.

De plus, pendant son Petit-Séminaire, un deuil cruel vint le frapper dans ses affections les plus chères. Volontiers, on dirait que Dieu qui le réservait pour être un jour le consolateur de tant d'âmes affligées, voulait le faire passer par toutes les douleurs, afin qu'ayant connu la peine et les tristesses de la vie, il se montrât plein de douceur envers ceux qui en seraient, à leur tour, les victimes.

Au commencement de l'hiver 1833, son frère

cent-de-Paul, de Saint-Joseph et de Saint-François-Xavier, voulant faire du bien et donner le bon exemple, jusqu'à sa mort qui arriva le 21 octobre 1847.

aîné tomba malade. Pendant huit mois, il com-
battit vainement contre les atteintes d'une
phthisie pulmonaire. Il dut se résigner, faire
le sacrifice de sa vie, et le 2 août 1834, il
s'endormait pieusement dans le Seigneur. La
peine de M. Lecompte fut immense ; il aimait
son frère du plus tendre amour ; il avait en lui
pleine et entière confiance et quand il nous
parlait, trente ans plus tard, de ces épanche-
ments intimes, de ces confidences qu'ils échan-
geaient mutuellement, les larmes lui venaient
encore aux yeux. « O mon frère, ô mon frère,
s'écriait-il, que nous nous aimions ! »

Si vive que fut sa douleur, il essaya cependant de la surmonter d'abord comme chrétien ;
ensuite comme fils et comme frère, car sa
mère et sa sœur furent plongées dans une
profonde tristesse. Il s'ingénia par tous les
moyens à les consoler, et lui-même nous
disait : « J'essayais quelquefois de sourire,
alors que j'avais encore des larmes dans les
yeux. »

Ce deuil chrétiennement supporté, cette
délicatesse d'affection envers sa mère et sa
sœur, lui gagnèrent de plus en plus le cœur
de ses maîtres et de ses condisciples qui ne
pouvaient s'empêcher d'admirer son courage.
Malgré sa douleur, il était fidèle à tous ses

devoirs et ne négligeait aucun des articles du règlement.

Aussi ses maîtres voulurent-ils lui donner une preuve de leur estime. L'année suivante, ils résolurent de lui faire faire le premier pas dans la cléricature. M. Lecompte étonné d'une telle distinction qu'il ne croyait pas mériter, regarda cette décision comme l'appel de Dieu, et le 13 juin 1835, il recevait la tonsure des mains de Mgr de Beauregard, dans la Cathédrale d'Orléans.

L'année suivante, à la fin de sa rhétorique, M. Benech (1) l'accueillait comme un fils bien

(1) M. Benech, le vénéré supérieur du Grand-Séminaire d'Orléans qui, selon ses propres paroles, ne voulut jamais enseigner autre chose « que la doctrine de l'Évangile, les règles de la vraie piété et de la sainteté ecclésiastique », naquit le 29 janvier 1794. Au moment où le monde s'ouvrait à lui avec toutes ses espérances, il s'en retira pour se donner à Dieu. Il entra le 13 juillet 1819 au Séminaire de Saint-Sulpice, fut ordonné prêtre en 1822, et tandis qu'en considération de ses qualités éminentes, plusieurs évêques lui offraient le titre de grand vicaire, il sollicita son admission dans la Compagnie de Saint-Sulpice. On l'envoya aussitôt à Avignon avec le titre de directeur. Six ans après, en 1829, il venait prendre la direction du Grand-Séminaire d'Orléans, que Mgr de Beauregard confiait de nouveau aux Sulpi-

aimé, au Grand-Séminaire d'Orléans. En retour,
M. Lecompte le regarda toujours comme un
père ; il lui confia le soin de sa conscience, et
la mort seule put rompre ce lien qui unit ces
deux âmes, toutes deux si élevées et toutes
deux si bien faites pour se comprendre.

M. Lecompte aimait volontiers causer de son
Grand-Séminaire. La philosophie l'avait séduit ;
ses cahiers, dont nous aurons occasion de
parler dans le cours de ce récit, en furent la
preuve. Lui-même, d'ordinaire si calme, si
timide, racontait les discussions parfois ar-
dentes qu'il soutenait avec son professeur,
M. Thore (1), et plus tard avec le grave

ciens. Il en fut le supérieur aimé et béni par toutes les
générations sacerdotales qui se succédèrent durant les
trente-six années de son supériorat. Il fut aussi l'homme
de la droite de Mgr de Beauregard. Mgr Morlot lui
donna toute sa confiance, et Mgr Fayet l'honora d'une
affection toute particulière. Mgr Dupanloup, heureux de
trouver dans son Séminaire les traditions qui font l'honneur et la gloire de Saint-Sulpice, remerciait Dieu d'avoir
donné un tel supérieur à Orléans. M. Benech mourut le
13 juillet 1865. Sa mort fut un deuil pour le diocèse.

M. Bannard a publié une courte notice intitulée :
M. Benech, Supérieur du Grand-Séminaire d'Orléans.

(1) M. THORE enseigna la philosophie au Séminaire
d'Orléans de 1836 à 1838. Il fut ensuite directeur au Séminaire du Puy, et professa tour à tour la théologie dog-

M. Désobeaux (1). « Je les argumentais vive-
ment, nous avouait-il ingénuement, et j'y
mettais quelquefois une pointe de malice, »
car il avait la répartie vive et ne se laissait
pas imposer une opinion. Mais jamais sa parole
ne dépassait les bornes du respect. Il eut plutôt
gardé le silence que de blesser les règles de la
convenance. Cependant, plus tard, il renonça
par modestie à ces luttes si pacifiques où il
aurait pu s'attirer louange et réputation. Il
conserva de M. Roy (2), son professeur d'Écri-

matique et morale, l'Écriture Sainte et les diaconales.
Après avoir instruit et édifié le clergé du Puy pendant
41 ans, il s'endormit dans le Seigneur, le 6 mars 1879, à
l'âge de 70 ans.

(1) M. Désobeaux succéda à M. Thore dans la chaire
de philosophie d'Orléans. Il fut chargé de ce cours de
1838 à 1846. Il le continua à Bourges de 1846 à 1850.
Devenu directeur au Séminaire d'Aix en 1850, il enseigna
successivement le dogme, la morale et l'Écriture Sainte.
Il mourut le 11 avril 1881, laissant à Aix comme il
l'avait laissée à Orléans et à Bourges la réputation d'un
saint. Les *Annales* d'Orléans, dans leur numéro du
28 mai 1881, lui ont consacré une notice, et sa vie a dû
être écrite par M. Penon, directeur du Petit-Séminaire
d'Aix.

(2) M. Roy, né à Vitry-le-Français le 1er juillet 1796,
fit ses études de théologie à Saint-Sulpice. Comme il
était diacre, son évêque le rappela et le chargea d'un

ture Sainte, et le directeur vénéré du Séminaire, le souvenir de sa sainteté. Il n'en
parlait jamais sans rappeler l'édification qu'il
inspirait à ses élèves. Le nom de M. Johanet (1),

cours au Grand-Séminaire de Meaux. Mais se sentant
appelé à la Compagnie de Saint-Sulpice, il revint à Paris,
fit sa solitude et fut chargé du cours de théologie morale
au Séminaire d'Issy. Lorsque les Sulpiciens reprirent, au
mois d'octobre 1829, la direction du Grand-Séminaire
d'Orléans, M. Roy fut adjoint à MM. Benech et Johanet en qualité de directeur. Il professa le dogme, puis,
l'Écriture Sainte jusqu'en 1865, époque où il fut frappé
d'une attaque de paralysie. Depuis cet accident, sa vie ne
fut plus qu'un douloureux martyre. Malgré ses souffrances, il se consacra jusqu'à son dernier jour, à la direction des ecclésiastiques. Ce prêtre, modèle parfait
d'humilité, de charité, de régularité et qu'on appelait : *la règle vivante*, mourut le lundi 4 décembre 1874,
après avoir édifié le Séminaire et le diocèse d'Orléans,
pendant quarante-cinq ans.

Les *Annales religieuses* ont publié une notice sur
M. Roy dans leur numéro du 24 décembre 1874, et le numéro du 31 décembre 1874 renferme une étude sur ses
vertus.

(1) Une notice publiée par M. l'abbé Cochard et intitulée : M. l'abbé JOHANET (Orléans, Séjourné 1873), raconte la vie de ce prêtre vénérable, né à Orléans le
24 août 1796. Doué de brillantes qualités, il renonça aux
carrières que le monde lui offrait pour se vouer au ser-

son professeur de morale, venait souvent sur
ser lèvres. Il aimait à rappeler sa bonté et la
joie qu'il éprouvait à faire le bonheur de ses
élèves. Mais il n'oublia jamais les classes
de dogme de M. Pistre (1) et de M. Du-

vice de Dieu et au salut des âmes. Aussitôt après son
sacerdoce, en 1824, il fut nommé par Mgr de Beauregard,
professeur de morale au Séminaire d'Orléans. Lorsque les
Sulpiciens furent rappelés à Orléans en 1829, M. Johanet
demeura avec eux, et en 1835 il sollicitait son entrée dans
la communauté. Ses supérieurs le conservèrent toujours
à Orléans où il se fit aimer et vénérer comme professeur
et comme directeur des âmes, par sa bienfaisance, sa générosité, et son désintéressement. Après 49 ans de séjour
au Séminaire, il rendit son âme à Dieu le 22 février 1873.

(1) M. PISTRE enseigna la philosophie au Séminaire
d'Orléans de 1830 à 1836. Il remplit ensuite pendant
deux ans les fonctions d'économe, et fut nommé en 1838
professeur de dogme. C'est à ce titre qu'il résida au Séminaire de Tulle de 1839 à 1844, et à celui de Toulouse
de 1844 à 1852. En cette dernière année, il fut désigné
comme économe du Séminaire de Rodez, et resta vingt-
cinq ans dans ce poste de dévouement. Envoyé à Ba-
règes pour refaire sa santé, il y fut atteint d'une maladie
grave. On le transporta dans sa famille à la Salvetat-sur-
Agout (Hérault). Après avoir édifié tous les siens par
sa patience, sa résignation, sa piété et sa dévotion envers la Très Sainte Vierge, il mourut en paix le 11 octobre 1873.

breul (1), deux professeurs dont il admirait le savoir, et dont les leçons lui inspirèrent une ardeur extrême pour la science sacrée, science qu'il cultiva toute sa vie, ainsi que l'Écriture Sainte qu'il aima passionnément. Ce fut encore pendant son Grand-Séminaire qu'il se sentit attiré vers l'étude des saints Pères et de l'histoire ecclésiastique. Il consacrait ses moments libres à traduire divers passages des saints Pères, ou à faire des résumés d'histoire. Il ne prévoyait pas alors quel avantage il retirerait un jour de ces études.

Mais si nous aimons voir en M. Lecompte l'élève studieux, l'auditeur attentif, l'ami des

(1) M. DUBREUL professa d'abord le dogme au Séminaire d'Orléans de 1839 à 1850. Ses vertus le désignèrent à la confiance de ses supérieurs, et il fut envoyé à Baltimore où la Compagnie de Saint Sulpice dirigeait le Grand-Séminaire. Il remplit diverses charges jusqu'en 1860. A cette époque il fut obligé d'accepter le supériorat qu'il refusait par modestie. Mgr Baylée, archevêque de Baltimore, et son successeur Mgr Gibbons, maintenant cardinal, en firent leur vicaire général. Il succomba sous le poids de ses travaux, le samedi saint, 20 avril 1878. Son successeur, en qualité de supérieur, est M. l'abbé Magnien, prêtre du diocèse d'Orléans, qui après avoir exercé les fonctions de vicaire de Saint-Marc et de professeur au Petit-Séminaire de La Chapelle, entra à Saint-Sulpice en 1864.

études graves, sérieuses ; nous aimerons surtout à considérer en lui le séminariste désireux de répondre à la grâce de sa vocation, et de se préparer au sacerdoce !

Quelle fidélité à tous les points de la règle. C'est l'obéissance personnifiée, mais l'obéissance qui ne voit dans ses maîtres que les représentants de Dieu ! Quelle piété dans tous ses actes religieux !

Il édifie tous ses condisciples. A la chapelle rien ne peut troubler son recueillement. Quand il approche de l'autel pour remplir les fonctions des saints ordres, quand il communie, il semble ravi en Dieu. Aussi ratifiant les jugements de ses premiers maîtres, ses condisciples n'ont qu'une expression pour le désigner : « le petit Saint. » C'est sous la dictée de l'un d'eux que nous écrivons ces lignes. Un autre nous résume la vie de M. Lecompte en ces trois mots : « sainteté, humilité, charité ». Les deux premières vertus nous sont déjà connues ; la troisième nous est apparue dans son enfance : elle se continue au Séminaire où, grâce à elle, il se fait aimer de tous ses condisciples ; elle ira grandissant pendant sa vie entière, et atteindra un degré si élevé qu'on pourra désigner M. Lecompte par cette parole : « L'homme de la charité. »

Mais qu'on ne croie pas que chez M. Lecompte
les vertus soient naturelles et ne lui coûtent
aucun effort. S'il est devenu vertueux, c'est à
force de combats, à force de vigilance sur lui-
même. Il a connu la lutte avec toutes ses
âpretés, mais l'a soutenue courageusement et
si quelquefois il s'est senti faiblir, avec quel
noble courage il chercha à regagner le ter-
rain perdu et à faire de nouveaux progrès dans
la voie du bien.

Témoin de tant de vertus, ses supérieurs
n'hésitèrent pas à l'appeler aux saints ordres.
Le 22 décembre 1838, M. Lecompte recevait les
ordres mineurs ; et le 25 mai 1839, dans la
dernière ordination que fit le vénérable
Mgr de Beauregard, il était promu au sous-
diaconat. Mgr Morlot lui conféra le diaconat,
le 21 décembre 1839. C'était au début de sa
quatrième et dernière année de Grand-Séminaire. Mais comme à l'époque de la Trinité il
n'avait pas encore atteint l'âge canonique, il
dut attendre l'ordination de Noël pour être
élevé au sacerdoce.

Ses succès dans les études littéraires, phi-
losophiques et théologiques avaient placé
M. Lecompte au premier rang, parmi ses
condisciples. Aussi lorsqu'il eut terminé ses
cours du Grand-Séminaire, ses supérieurs se

demandèrent si sa place ne serait pas parmi
les professeurs du Petit-Séminaire qui formaient alors une pléiade d'hommes remarquables. En effet, M. Maubert professait la rhétorique, et M. Sutin la seconde. M. Jacquet (1)
enseignait les humanités en troisième et

(1) Le souvenir de M. JACQUET est resté vivant à
Orléans et à Paris. Privé de sa mère dès son bas âge,
M. Jacquet fut recueilli par un de ses oncles qui habitait
Orléans. Cet oncle le mit chez les Frères des Écoles
chrétiennes, où il reçut sa première éducation. M. Bom-
berault, curé de Saint-Marc, l'initia aux éléments de la
langue latine et le fit entrer au Petit-Séminaire d'Orléans. Après son ordination au sacerdoce, qui eut lieu le
25 mai 1839, il fut nommé professeur de quatrième au
Petit-Séminaire. L'année suivante il succéda en troisième
à M. Maugiton ; et lorsque M. Maubert quitta le Séminaire, il remplaça en seconde M. Sutin, devenu professeur de rhétorique.

A la fin de 1846, M. Jacquet quittait le Séminaire pour
diriger la pension des Minimes ; en 1850, il était nommé
aumônier de l'Institution Favard, à Paris, et se livrait au
ministère de la prédication. Devenu, en 1866, directeur de
l'Œuvre de l'Adoption, fondée en 1860, par M. l'abbé
Maitrias, il donna à cette œuvre une telle impulsion
que l'année qui précéda sa mort, survenue le 13 août 1883,
il avait la consolation de venir en aide à plus de 1.050 enfants abandonnés. (Archives de l'Evêché, et Annales
religieuses, 1er septembre 1883).

M. Renaudin (1) dirigeait la classe de quatrième. M. Lecompte leur fut adjoint, comme
professeur de cinquième.

Il accepta cette nomination par obéissance.

Ce n'est pas que l'enseignement lui déplût.
Au contraire, il l'aima toujours. Nous en trouvons la preuve dans le soin avec lequel il fit
plus tard ses catéchismes ; dans les élèves qu'il
prépara pour le Séminaire, soit à Meung, soit
à Saint-Laurent, soit à Saint-Paul, malgré les

(1) Nos lecteurs qui ne connaîtraient pas M. RENAUDIN,
consulteront utilement la brochure si intéressante, intitulée : *Cinquantenaire de Mgr Renaudin, 25, 26, 27 mai 1891,*
ou *Récit du jubilé sacerdotal de Mgr Renaudin, Supérieur
du Petit-Séminaire de Sainte-Croix. (Orléans, Jacob,
1891).* Ils apprendront dans ces pages ce que fut et ce
qu'est encore de nos jours le vénérable Prélat qui a consacré cinquante-quatre années de sa vie à l'éducation de
la jeunesse. Après avoir professé l'une après l'autre,
toutes les classes du Petit-Séminaire, Mgr Renaudin
occupa pendant deux ans et quelques mois la cure de
Saint-Hilaire-Saint-Mesmin. Nommé en 1855 supérieur
du Séminaire de Sainte-Croix, il transporta ce Séminaire,
en 1860, de l'Évêché d'Orléans dans l'ancien couvent des
Minimes, rue d'Illiers. Il le dirige encore maintenant
avec une bonté et une paternité que ses élèves et leurs
parents ne se lassent pas de louer et d'admirer.

occupations d'un ministère accablant ; et surtout dans le dévouement avec lequel il remplit
les fonctions d'aumônier à l'École normale.

Mais une classe de trente élèves ne répondait pas aux aspirations de son cœur. Elle
n'était pas l'horizon qu'il avait entrevu lorsqu'il répondait à la voix de Dieu l'appelant à son
service.

Il s'acquitta cependant de ses fonctions de
professeur, avec ardeur et succès. En deux
mois, il avait su inspirer une véritable émula-
tion à ses élèves, les animer au travail, et
gagner leur affection.

Mais le 19 décembre 1840, M. Lecompte fut
ordonné prêtre. Le soir de ce même jour, dans
une visite qu'il fit à Mgr Morlot, Sa Grandeur
lui demanda s'il voulait continuer le professorat ou prendre du ministère. M. Lecompte
répondit : « Monseigneur, ce matin je vous ai
promis obéissance et je suis disposé à faire ce
que Votre Grandeur m'ordonnera. » — « Mais
que préférez-vous, répartit Mgr Morlot ? » —
« Si Votre Grandeur me permet de lui exprimer
ma pensée, il me semble que le ministère
serait plus dans mes aptitudes. » — « C'est bien,
répondit Mgr Morlot, j'examinerai la question, » et le 28 décembre, il envoyait à M. Lecompte ses lettres de vicaire de Meung.

M. Lecompte fut au comble de la joie en recevant cette nomination que lui apprit M. Dupont des Loges, alors vicaire général d'Orléans (1). Il le remercia avec effusion et se rendit aussitôt à son poste.

(1) M. DUPONT DES LOGES, qui délivra à M. Lecompte ses lettres de vicaire de Meung, était originaire de Rennes où il naquit le 11 novembre 1804. Lorsque Mgr Morlot le choisit pour vicaire général, le 24 octobre 1840, il était chanoine honoraire de la Cathédrale de Rennes. Il n'occupa que peu d'années le poste de vicaire général d'Orléans. Mais il sut pendant ce court espace de temps se concilier toutes les sympathies et toutes les affections. Il dirigeait avec zèle les communautés religieuses et s'intéressait à toutes les bonnes œuvres. On n'a pas oublié à Saint-Joseph (*Noces d'or de la Société de Saint-Joseph d'Orléans*, page 38) que le 25 décembre 1841, il s'était déclaré le protecteur de la Société naissante. Dix-huit mois plus tard, le 5 mai 1843, il était sacré évêque de Metz. Il administra son diocèse avec une rare sagesse. En 1870, quand Metz tomba entre les mains de nos ennemis, il sut par sa dignité et sa noble fierté, forcer les Allemands à le respecter, et à lui laisser pleine et entière liberté. Il mourut le 18 août 1886 plein de jours et de mérite, comme meurent les saints. (*Annales religieuses d'Orléans*, année 1885, pages 518, 527 et 539).

II

Le vicariat de Meung. — La cure de Germigny
Le vicariat de Saint-Laurent

La paroisse de Meung était une paroisse importante. Depuis dix ans, elle avait pour curé, M. Bérard (1). Quoiqu'il fut encore dans la vigueur de l'âge, M. Bérard sentait le besoin d'un auxiliaire jeune et dévoué. Comme la réputation de M. Lecompte l'avait précédé au presbytère de Meung, il y fut reçu avec la plus grande bienveillance. Le bon curé lui indiqua la partie du ministère qu'il confiait à sa vigilance, et le vicaire docile se mit à l'œuvre.

Lui-même nous a raconté ses débuts. Ils ne

(1) M. Louis-François-Frédéric Bérard, né le 9 octobre 1793, à Orléans, sur la paroisse de Saint-Marceau, ordonné prêtre le 20 décembre 1817, fut nommé vicaire de Châteauneuf le 1ᵉʳ janvier 1818. Quelques mois après, on lui confiait le vicariat de Chécy et la cure de Combleux. Le 23 juin 1823, il fut nommé curé de Courtenay, et le 19 février 1831, curé de Meung-sur-Loire. Désigné pour un canonicat à la Cathédrale, il mourut la veille du jour où il devait en prendre possession, le 5 avril 1860.

manquèrent pas de certaines difficultés. En
effet, dès les premières semaines de son installation, il lui fallut préparer les enfants
d'une nombreuse confirmation. Mais le bonheur
qu'il ressentit, en travaillant au salut des âmes,
lui fit oublier les fatigues de cette laborieuse
préparation. Ajoutons, qu'au jour de la cérè-
monie, Mgr Morlot lui témoigna une bonté
toute paternelle, lui prodigua ses encourage-
ments, et lui donna l'assurance que le ministère
était la voie où Dieu l'appelait.

A la suite de cette confirmation, M. Lecompte
organisa sa vie. Elle se partagea entre la prière,
le travail et la visite des malades. Meung ne
tarda pas à se réjouir de posséder un jeune
prêtre si édifiant. « C'était un ange à l'église, »
nous disait naguère un vieillard qui l'avait
bien connu. « Comme il était pieux, » ajoutait
une autre personne. C'est la note caractéris-
tique du Séminaire. Elle se produisit à Meung,
comme elle se reproduira plus tard dans toutes
les paroisses où il sera donné à M. Lecompte
d'exercer le saint ministère, car, à mesure
qu'il avança en âge, sa piété au lieu de s'affai-
blir, alla toujours s'épanouissant de plus en
plus. Il suffisait de le voir à l'autel pour être
édifié.

M. Lecompte savait unir la piété et la science,

et cette devise : *Scientiâ et Virtute* pouvait être la sienne. Il eut le bonheur, de rencontrer dans son curé, un maître et un guide précieux. M. Bérard, auquel on reprochait une certaine austérité de vie, était un prêtre fidèle à tous ses devoirs. Pendant trente ans, qu'il fut curé de Meung, il ne quitta pas un seul jour sa paroisse, en dehors des retraites pastorales auxquelles il se faisait un devoir d'assister chaque année. « Un prêtre, disait-il, doit toujours être au milieu de ses enfants. » Sa vie était réglée comme celle d'un religieux, et l'étude y tenait une large place.

M. Lecompte qui avait le goût de l'étude, et sentait quel bien pouvait produire un prêtre instruit, comprit la ressource que la Providence lui ménageait dans la personne de son curé. Il s'insinua dans ses bonnes grâces. Bientôt une sorte d'intimité s'établit entre le curé et le vicaire; le curé était heureux de rencontrer un jeune prêtre si sérieux et ami de l'étude; et le vicaire était non moins heureux de trouver un curé aussi instruit, avec lequel il pouvait parler: Écriture Sainte, philosophie, théologie, histoire. Cependant un point inquiétait M. Bérard. Son vicaire plein d'ardeur, consacrait au ministère extérieur une grande partie de la journée, et prenait sur la nuit pour étudier, écrire ses sermons, préparer ses catéchismes. « M. l'Abbé, vous vous tuerez avant l'âge », disait le bon curé. — « Ne craignez rien », répondait le vicaire, « ma santé est bonne. » Il le croyait; c'était une illusion. Peu de temps après, la maladie le clouait sur un lit de douleur. Mais, revenu à la santé, il reprit l'habitude d'augmenter la longueur des jours, dont aucun instant n'était cependant perdu, en diminuant les heures du sommeil.

Cette vie du vicaire de Meung qui laissa de si doux souvenirs d'édification dans la paroisse, et concilia à M. Lecompte une véritable estime de la part des paroissiens témoins de son dévouement, dura presque trois ans. Le 29 juin 1843, il fut appelé à la cure de Germigny-des-Prés par Mgr Fayet qui venait de succéder à Mgr Morlot dans l'administration du diocèse (1). Il s'inclina devant la volonté de son évêque, mais ce ne fut pas sans déchirement de cœur. « Oh ! nous disait-il un jour, comme on aime sa première paroisse ! »

Cependant son vénérable curé qui le voyait

(1) Mgr Morlot fut transféré de l'Évêché d'Orléans au siège archiépiscopal de Tours dans le Consistoire du 27 janvier 1843. — Mgr Fayet fut sacré évêque le 26 février 1843, et le 2 mars, il fit son entrée solennelle à Orléans.

partir avec une peine profonde, demanda qu'on
fit desservir la paroisse de Germigny, et qu'on
lui permit de garder son vicaire jusqu'à l'ar-
rivée d'un successeur. Cette grâce lui fut ac-
cordée et M. Lecompte ne prit possession de sa
paroisse que le 1er septembre 1843.

En se rendant à Germigny, M. Lecompte
trouva une population laborieuse, honnête,
d'une grande simplicité de mœurs, assistant
régulièrement aux offices de l'église, aimant
le prêtre, et toute disposée à écouter sa parole.
L'accueil qu'il reçut, lui causa une vraie consolation ; et il se donna tout entier à son nouveau
ministère.

Près de cinquante ans se sont écoulés depuis
ce moment. M. Lecompte ne fit que passer pour
ainsi dire à Germigny, puisque le 21 mai 1845,
il fut nommé vicaire de Saint-Laurent. Cependant « son souvenir, nous écrivait M. Prévost,
curé de Germigny (1), est toujours vivant
parmi les anciens de la paroisse. Il a laissé la
réputation d'un Saint ».

Du reste, il nous souvient que du temps où
nous étions le confrère de M. Lecompte, nous
voyions parfois arriver au vicariat de Saint-
Paul, d'excellentes gens qui nous demandaient:

(1) Lettre du 16 mai 1892.

« M. le curé Lecompte. » Nous les reconnais-
sions facilement pour des habitants de Germigny. Ils étaient heureux de revoir leur ancien curé ; de lui confier leurs affaires et de
prendre ses conseils. M. Lecompte les recevait
avec affection ; les écoutait avec bonté et patience, et nous les entendions se dire l'un à
l'autre lorsqu'ils le quittaient. « Il est toujours
le même ; toujours aussi bon. Il n'oublie personne. »

Non, il n'oubliait personne ; il savait se faire
aimer de tous par sa bienveillance, par sa
douceur, par son dévouement continuel et à
toute épreuve.

Ce ne fut pas seulement ses paroissiens qui
l'aimèrent ; mais ses confrères voisins surent
bientôt l'apprécier. Néanmoins nul ne lui porta
plus d'affection que M. Bardin (1). Nommé

(1) Une lettre de la Sœur Marie du Divin-Cœur, supérieure de N.-D.-de-Charité, insérée dans les *Annales religieuses* du 7 décembre 1878, et un article nécrologique
publié par M. l'abbé Albert Leroy dans les *Annales* du
21 décembre 1878, conservent la mémoire de M. BARDIN.
Ce vénérable prêtre, né à Sully-sur-Loire le 19 mars 1805,
ordonné prêtre le 31 mai 1828, nommé le même jour
curé de Saint-Brisson, fut appelé à la cure de Châteauneuf le 30 novembre 1843. Quinze ans plus tard, le
22 décembre 1858, Mgr Dupanloup lui donnait ses lettres

doyen de Châteauneuf, trois mois après l'installation de M. Lecompte à Germigny, M. Bardin reconnut bientôt la valeur de ce jeune prêtre, qui, sous des dehors modestes, cachait tant de vertus. Il l'attira vers lui; le fit prêcher dans son église, et entretint avec lui de telles relations que si les cures de Germigny et de Châteauneuf eussent été plus rapprochées, M. Lecompte et M. Bardin se seraient visités tous les jours.

M. Bardin était un prêtre vertueux, d'un sens droit, ami de l'étude et dont M. Lecompte fit le directeur de sa conscience. Dès lors, il s'établit entre ces deux prêtres une douce intimité qu'il nous fut donné d'apprécier, lorsque M. Bardin, nommé chanoine et vicaire général, vint résider à Orléans.

M. Lecompte se plaisait à Germigny ; il en aimait le site, les souvenirs historiques (1);

de vicaire général, la présidence des Études, un canonicat à la Cathédrale, et lui confiait en 1860 la charge de supérieur de N.-D.-de-Charité du Bon-Pasteur, monastère qui se fondait alors à Orléans. M. Bardin a composé un curieux travail sur les antiquités de Saint-Brisson ; une étude historique sur Châteauneuf ; un volumineux ouvrage sur le ministère pastoral, et des articles d'un haut intérêt sur les Écoles chrétiennes à Orléans.

(1) Un des désirs de M. Lecompte eût été de réunir en un volume les souvenirs historiques de Germigny qu'il

surtout il y faisait du bien. Les enfants accouraient avec plaisir à ses catéchismes ; le peuple écoutait ses instructions simples, familières et cependant toujours pleines de distinction. Les malades accueillaient sa visite avec joie. Toute la paroisse n'avait qu'un désir, celui de garder longtemps son curé. Mais telle n'était pas l'intention de Mgr Fayet.

Sa Grandeur venait de désigner M. l'abbé Miron (1), vicaire de Saint-Laurent comme

avait étudiés avec M. Bardin. Plusieurs fois, il nous avait dit : « Quelle histoire intéressante on pourrait composer sur Germigny ! ». Aussi ce fut avec plaisir, que sur la fin de sa vie, il vit paraître le volume de M. Prévost, l'un de ses successeurs à Germigny, volume qui a pour titre : *La Basilique de Théodulfe, en la paroisse de Germigny-des-Prés. — Orléans, H. Herluison, 1889.*

(1) Après avoir exercé pendant sept ans les fonctions de maître de chapelle à la Cathédrale, d'aumônier des Frères, et fondé les deux œuvres de la Persévérance des hommes et du Patronage des apprentis, M. l'abbé MIRON entra, en 1852, chez les Frères-Mineurs Capucins, au milieu desquels il vécut pendant près de quarante ans sous le nom du R. P. Sigismond. Lorsqu'il mourut, le 21 août 1891, après trente-neuf ans de vie religieuse, on fit son éloge funèbre en ces deux lignes : « Par son esprit de pauvreté, d'humilité, de zèle, et de mortification, il a été un véritable imitateur de son séraphique Père saint François.(*Annales religieuses d'Orléans*, 5 septembre 1891).

maître de cérémonies de la Cathédrale. Pour le
remplacer, elle jeta les yeux sur M. Lecompte
et lui envoya ses lettres de vicaire de Saint-
Laurent, le 21 mai 1845.

M. Lecompte, qui ne savait qu'obéir, vint
bientôt se mettre à la disposition de son nouveau curé, M. Rabelleau (1). Celui-ci dirigeait
depuis quatorze ans sa paroisse, bien différente
du Saint-Laurent actuel. Elle n'avait pas alors
ses manufactures et cette population ouvrière
qui en font maintenant un des grands centres
industriels de la cité d'Orléans. Elle se compo-

(1) M. Victor-Amédée Rabelleau, né le 1er novembre
1800, fut ordonné prêtre le 12 juin 1824, et le même
jour nommé vicaire de Sully-sur-Loire. Le 29 août 1825,
il était appelé au vicariat de Saint-Aignan d'Orléans.
Mgr de Beauregard qui l'avait en particulière estime lui
confia le 28 juin 1832, la cure de Saint-Laurent.
Pendant la vacance du siège épiscopal qui suivit la mort
de Mgr Fayet, MM. les Vicaires capitulaires le désignèrent pour la cure de Saint-Donatien. Il l'accepta le
27 octobre 1849, et la dirigea jusqu'à sa mort survenue
le 24 mai 1876.

Les *Annales religieuses* du 16 juin 1876 terminaient
leur article sur M. Rabelleau par ces paroles : « Le clergé
d'Orléans perd en lui un de ses types les plus achevés
de distinction, de délicatesse et de sainteté sacerdotale ».

sait en grande partie de vignerons et de
jardiniers. Les enfants étaient nombreux. On
y comptait quatre écoles pour les garçons.
Leur éducation chrétienne fut confiée à M. Lecompte. Aussi son premier soin fut de visiter
les classes où le prêtre avait alors un libre
accès, pour le bonheur des enfants et celui de
leurs parents.

Il nous souvient encore de sa visite à l'École
des Frères sise dans l'impasse du Coq, en face
la chapelle de l'Hôpital général (1). Cette école
était alors commune aux paroisses de Saint-
Paul et de Saint-Laurent (2). Sur l'ordre du

(1) Cette école n'existe plus. En 1865, elle fut trans-
férée rue des Charretiers, n°ˢ 20 et 22, dans un vaste
local où la municipalité orléanaise installa les deux écoles
congréganistes de Saint-Paul et de Notre-Dame-de-
Recouvrance, après des arrangements conclus avec Mes-
sieurs les Curés et les conseils de fabrique des deux paroisses. Mais, en 1880, les Frères durent céder leur établissement à deux écoles laïques, l'une de garçons, l'autre
de filles, et se retirer rue Notre-Dame-de-Recouvrance, 34,
pour y fonder de nouvelles classes avec le concours et
les ressources du Comité des écoles libres.

(2) Enclavée dans la paroisse Saint-Paul, depuis la
nouvelle circonscription des paroisses, le 14 pluviose
an XI (3 février 1803), cette école était, avant la révolution, sur le territoire de la paroisse Saint-Laurent. Elle

Frère Directeur qui veut honorer, dans le nouveau vicaire de Saint-Laurent, l'ancien élève de
son école, des salves d'applaudissements le
saluent à son entrée dans la classe. Il nous
semble encore l'entendre nous remercier de
ces applaudissements ; nous le voyons parcourir
nos rangs, nous encourager, nous captiver

avait été bâtie en 1786, aux frais de la fabrique, afin de
remplacer une ancienne école qui existait précédemment
sur la place de l'Église. Les Frères y firent la classe aux
enfants de Saint-Laurent jusqu'à la fin du mois d'août 1792.
Lorsque la communauté fut dissoute le 16 septembre suivant, le Frère Libère, plus connu sous le nom de Frère
Cendre, qui était le directeur de la première classe, se
fixa à Orléans, et ouvrit une école rue de l'Ange. Il dut
interrompre quelque temps son cours, car il fut dénoncé
comme suspect, et incarcéré aux Minimes. Mais, rendu à
la liberté, il reprit la direction de son école et la conserva
jusqu'en 1806.

En cette année, sur la prière de Mgr Bernier, évêque
d'Orléans, et la demande du T. H. F. Frumence, vicaire
général des Frères des Écoles chétiennes, le Frère Cendre
reprit la vie de communauté et devint Directeur de la
maison de Saint-Euverte, que le maire d'Orléans, M. Cri-
gnon des Ormeaux, rendait aux Frères. Avec Saint-Euverte, le maire d'Orléans remettait encore à la disposition
du Frère Cendre l'ancien immeuble de l'impasse du Coq,
dont la municipalité de 1792 s'était emparée, et le conjurait d'y rétablir des classes pour les enfants de Saint-

par sa douceur. Lorsqu'il quitta la classe, une
seule pensée se trouva dans tous les esprits,
une seule parole sur toutes les lèvres, ce fut le
cri du cœur : « Enfants de Saint-Laurent, êtes-
vous heureux d'avoir un tel vicaire ! »

Ils furent heureux. Nous ne pûmes en juger
longtemps par nous-mêmes, car en cette année
1845, le 5 octobre, l'école paroissiale de Saint-
Laurent, fondée par M. l'abbé Miron, fut
ouverte, et l'École des Frères de Saint-Paul ne
reçut plus que les enfants de la paroisse. Mais
ce que nous apprenions, c'est que nos anciens
condisciples aimaient grandement leur vicaire.

Ce n'étaient pas seulement les enfants qui
aimaient M. Lecompte. Sa parole douce, affec-
tueuse ; sa bonté, sa complaisance, sa charité
lui captivaient tous les cœurs. Il était toujours
disposé à rendre service, car il ne comprenait
pas la vie du prêtre en dehors du dévouement.
Or ce dévouement était chez lui de tous les
instants. Le jour, la nuit, il était au service de
quiconque réclamait son secours. On était

Paul, de Saint-Laurent et de Recouvrance. Le Frère
Cendre accepta la proposition, et, le 1ᵉʳ décembre 1806,
les Frères des Écoles chrétiennes, après vingt ans d'ab-
sence, revenaient avec bonheur reprendre leurs anciennes
classes, et se dévouer à l'éducation de la jeunesse. (*Archives de l'Évéché et des Frères de Saint-Bonose.*)

toujours sûr de le rencontrer là où le devoir l'appelait.

Parmi ceux qui eurent le plus à se louer de sa charité, se trouvait M. l'abbé Laveau (1)

(1) M. LAVEAU, dont nous avons trouvé l'acte de naissance dans les registres de Pithiviers-le-Vieil, à la date du 18 décembre 1806, ne fut ordonné prêtre que le 16 juin 1832. Ses talents le firent choisir comme professeur de seconde du Petit-Séminaire, au lendemain de son sacerdoce. Après quelques années de professorat, se croyant appelé à la vie religieuse, M. Laveau entra chez les Pères de la Compagnie de Marie, à Saint-Laurent-sur-Sèvres, le 17 octobre 1837.

Quinze mois plus tard, le R. P. Deshayes, supérieur général de la Compagnie de Marie, le ramenait avec lui à Orléans, pour fonder un établissement de sourds-muets. Ce fut le 15 janvier 1839, qu'il commença son œuvre dans une maison que le seul presbytère de Saint-Laurent sépare de l'église paroissiale. Cette maison fut, jusqu'au mois d'octobre 1892, l'asile des sourds-muets.

M. Laveau se livra au travail avec une telle ardeur que les infirmités vinrent avant l'âge et dès 1842, il fut dans l'impossibilité de suivre les règles de la communauté. En face de cette impuissance, il sollicita la permission de rentrer comme prêtre séculier dans le diocèse d'Orléans et d'y continuer l'œuvre qu'il avait fondée. Ses supérieurs accédèrent à ses demandes, et jusqu'en 1865, M. Laveau resta à la tête de la maison des sourds-muets.

Ne quittant presque jamais sa demeure à cause de sa

Directeur des sourds-muets, autrefois professeur au Petit-Séminaire, dont nous avons rap-
porté plus haut le témoignage en faveur de
M. Lecompte. Connaissant la bonté du cœur de
son ancien élève, il ne craignait pas de faire
constamment appel à sa générosité, à son
affection soit pour lui, soit pour ses sourds-
muets. Au premier signal, M. Lecompte allait
le trouver et regardait ses désirs comme des
ordres qu'il ne pouvait se dispenser d'accomplir. Il se prêta tant de fois à ses exigences, il
mit à lui rendre service tant de simplicité, de
bonne grâce, une obligeance si parfaite qu'on
peut le placer sans crainte parmi les bienfaiteurs de la maison des sourds-muets d'Orléans.

santé, il consacrait le temps que lui laissait la direction
de la maison, à composer des ouvrages utiles et édifiants,
tels que : *La vie de M. Deshayes ; Le questionnaire sur le
catéchisme*, etc.

En 1865, épuisé par la souffrance, n'ayant plus de force,
de concert avec Mgr Dupanloup, il fit la cession de son
établissement aux chanoines de Saint-Jean-de-Latran, et
se retira à Saint-Genis, dans la Charente-Inférieure, chez
les Frères de Saint-François d'Assise, qui dirigent la
colonie agricole de Saint-Antonin. Il vécut dans cette
colonie jusqu'au 9 novembre 1869, jour où Dieu le rappela
à Lui pour couronner sa vie de piété, de vertu, d'abnégation et de dévouement. (*Archives de l'Évêché et des
Sourds-Muets, passim.*)

Mais M. Lecompte ne se livrait pas seulement au ministère extérieur, il était surtout un homme intérieur. Sa piété se montrait partout. Elle se réflétait dans toutes les actions de sa vie ; elle se réflétait surtout dans ses sermons, dans ses instructions, dans ses catéchismes, et au tribunal de la pénitence. On sentait l'homme qui toujours agit en vue de plaire à Dieu.

Au catéchisme, il était admirable. Il se mettait à la portée de tous les enfants, dont il stimulait l'ardeur par un mot parfois piquant, par une remarque pleine de justesse, et par des récompenses qu'ils devaient noblement gagner. Il tenait toujours leur esprit en éveil par des explications claires, nettes, précises ; par des traits d'histoire toujours bien choisis. Son petit peuple l'écoutait attentivement, et si la discipline la plus rigoureuse ne présidait pas à toutes les réunions, on excusait assez volontiers M. le Vicaire à cause de l'attachement que ses enfants lui témoignaient et surtout de leurs progrès en instruction religieuse.

Autant on le goûtait au catéchisme, autant on l'appréciait au tribunal de la pénitence. Il acceptait ce ministère avec tant de condescendance ; il était si bon pour tous, que de nombreux pénitents commençaient à recourir à lui, malgré sa jeunesse. On le trouvait déjà

un homme mûr et l'on acceptait ses décisions,
sans discussion, tant elles paraissaient sages et
consciencieuses.

Pour lui, toujours modeste, il s'étonnait de
cette confiance qu'on lui témoignait. S'ouvrant
un jour sur ce sujet à son curé, il lui exposait
ses craintes, ses appréhensions. Mais celui-ci
qui bénissait Dieu de lui avoir donné un auxiliaire dans lequel il ne voyait que des vertus et
pas de défauts, lui répondait : « Ne craignez
pas, mon cher Abbé, continuez comme vous
avez commencé ; Dieu et les hommes seront
contents. Demeurez tranquille, vous êtes dans
la bonne voie ».

Il était en effet dans la voie où Dieu le voulait ; n'ayant pas d'autre désir que celui de se
sanctifier et d'aider ses frères à se sanctifier.

Durant son séjour au vicariat de Saint-Laurent, M. Lecompte aimait à venir prier dans le
sanctuaire de Notre-Dame des Miracles de Saint-
Paul. Ce sanctuaire lui rappelait en effet les
doux souvenirs de son enfance. Que de fois sa
pieuse mère l'avait conduit aux pieds de la
Vierge noire afin d'implorer sa protection ! Parfois aussi, il était attiré à Saint-Paul par des
invitations qu'il n'osait pas décliner. C'était une
instruction de carême, un sermon à l'archiconfrérie. Les fidèles aimaient sa parole tou-

jours grave, toujours sérieuse, toujours bien
préparée. Elle plaisait surtout à M. Boutillier,
curé de Saint-Paul (1). Il conçut dès lors pour
ce jeune prêtre qu'il avait entrevu dans son

(1) M. Jean-Joseph-Barnabé BOUTILLIER, né à Châ-
tillon-sur-Loing, le 12 juin 1797, fut ordonné prêtre le
22 décembre 1821. Deux jours après, il commençait son
ministère comme vicaire de Montargis. Au mois de décembre 1825, Mgr de Beauregard lui demanda en grâce
d'accepter la paroisse de Boisseaux. Malgré les difficultés
que présentait alors cette paroisse, M. Boutillier se rendit
immédiatement au désir de son Évêque. Grâce à sa pru-
dence, à son esprit de conciliation, il rendit la situation
facile. Pour le récompenser de son obéissance, Mgr de
Beauregard l'appela, le 28 juin 1827, au vicariat de Saint-
Paul et le 9 juin 1834, à la cure de Puiseaux, d'où il revint en qualité de curé de Saint-Paul, le 29 décembre 1841.
M. Boutillier gouverna cette dernière paroisse pendant
plus de trente-quatre ans et mourut le 21 mai 1876.
Mgr Dupanloup, dans une lettre adressée à M. l'abbé Juillet,
premier vicaire de Saint-Paul, traçait en ces termes le portrait de M. Boutillier : « Je n'ai pas à vous apprendre quelle
« était la vivacité de sa foi, son dévouement au bien, sa
« charité, son activité que les années même n'avaient pas
« ralentie. Vous le voyiez de près à l'œuvre ; vous savez
« tout le bien qu'il a fait au milieu de nous dans son
« ministère. » — Un article de M. Lecompte, inséré
dans les *Annales religieuses* du 27 mai 1876, retrace par-
faitement la vie de M. Boutillier dont la mémoire est
toujours environnée de vénération.

enfance, une estime particulière. Plusieurs
fois il exprima le désir de l'avoir pour vicaire.
Il pensait en effet que sa collaboration lui
serait utile et rendrait de grands services à la
paroisse. Son désir fut exaucé. Au départ de
M. Gendrot, que Mgr Fayet avait nommé curé de
Saint-Denis-de-l'Hôtel, M. Lecompte fut appelé
au vicariat de Saint-Paul, et le 1er janvier 1849
il prenait possession du nouveau poste qu'il
devait occuper durant vingt-quatre ans.

III

Le Vicariat de Saint-Paul et l'Aumônerie de l'Ecole normale. — L'Archiconfrérie

Ce que M. Lecompte déploya de vertu pendant son long ministère à Saint-Paul, ce qu'il mit de zèle à remplir les fonctions dont il fut chargé, Dieu seul le sait. De ses lèvres nous n'avons pas entendu tomber un seul mot qui ait pu rappeler à ses confrères ou à ses amis, soit ses travaux, soit le ministère immense qui lui incombait. Pour nous, qui l'avons vu à l'œuvre, qui avons surpris quelques-uns de ses secrets, nous pouvons affirmer que sa vie fut la réalisation de cette parole de l'Apôtre : *Ego autem libentissime impendam et superimpendar ipse pro animabus vestris* (1). « Pour ce qui est de moi, je donnerais très volontiers *tout ce que j'ai*, et je me donnerai encore moi-même pour *le salut* de vos âmes. » Il se consacra tout entier à l'œuvre qui lui fut confiée, et nous résumerions encore son

(1) II Cor. XII, 15.

passage à Saint-Paul dans ces autres paroles du patriarche Jacob : *Die, noctuque œstu urebar, et gelu, fugiebatque somnus ab oculis meis. Sicque per viginti annos in domo tuâ servivi tibi* (1). « Jour et nuit, j'ai souffert de la chaleur ou du froid ; le sommeil fuyait de mes yeux, et pendant vingt ans, j'ai servi, Seigneur, dans votre demeure. »

Au lieu de vingt ans, mettons vingt-quatre, et la parole de la Sainte Écriture sera pleinement justifiée en M. Lecompte qui a véritablement servi le Seigneur tout ce temps dans la paroisse de Saint-Paul.

Il fut le vicaire modèle ; jamais il n'omit un seul de ses devoirs. Il ne sut jamais ce que c'était que prendre une heure de repos. Qu'on étudie sa vie, dans tous ses moments, sous toutes ses faces, on trouve toujours M. Lecompte aux fonctions de son ministère.

Les seuls reproches qu'on ait pu lui adresser, la seule ombre au tableau qu'on ait pu remarquer pendant cette période, si toutefois il est permis d'employer ces expressions dans la circonstance, ce serait d'abord une légère inexactitude ! Il lui arrivait quelquefois d'être en retard ; mais jamais ce retard n'était volon-

(1) Genèse, XXXI, 40-41.

taire. Lorsqu'il se produisait, il avait toujours une excuse sérieuse.

Quelquefois aussi, sa nature si sensible, si droite, si délicate, en face d'une contradiction inattendue, d'une opposition injuste, laissait échapper un certain mouvement que la grâce réprimait aussitôt. L'instant suivant, sa physionomie avait repris son air doux, calme, modeste et souriant.

En dehors de ces deux points que nous aurions pu passer sous silence, car ils ne constituent pas une faute, mais que nous relatons par amour de la vérité, nous n'avons découvert aucun autre défaut en lui ; au contraire, nous avons toujours admiré ses vertus.

Quelle délicatesse de conscience il apportait à son ministère ; quelle piété, quel zèle, quel amour de Dieu et des âmes ! quelle charité envers les pauvres ! quelle abnégation ! quel esprit de sacrifice !

Chaque jour, alors que tout repose encore autour de lui, il est déjà en prière. Il savait que le travail absorberait sa journée, et il ne voulait pas être en retard envers Dieu. Les prières terminées, il se mettait au travail.

Il préparait ses instructions, ses sermons, ses catéchismes, et même ses simples allocutions. Tout était écrit, appris de mémoire.

Il ne voulait rien devoir à l'improvisation dont il se défiait, car il lui semblait, en improvisant, ne plus annoncer la parole de Dieu.

Aussi comme sa prédication était solide et pratique. Sous une forme toujours élégante et une rare pureté de langage, elle était nourrie d'Écriture Sainte. M. Lecompte savait presque par cœur toute la Bible, tant il la lisait souvent. Mais quel merveilleux commentaire il en faisait surtout à l'aide des Saints Pères qu'il avait si sérieusement étudiés ! Cependant parmi les Saints Pères, il en était un qu'il affectionnait particulièrement. Son génie le ravissait ; sa dialectique vive et pressante, sa parole ardente l'enthousiasmaient. Aussi était-il heureux quand il trouvait dans saint Jérôme quelques passages qu'il put approprier au sujet qu'il avait à traiter.

Dieu n'avait pas donné à M. Lecompte un organe puissant ; le ton laissait aussi à désirer. Cependant, quand il devait prêcher, on se pressait autour de la chaire, afin de ne pas perdre une seule de ses paroles, car on était sûr d'être instruit, édifié, encouragé. Il en était de même au catéchisme : ses instructions, ses homélies, étaient écoutées avec une attention sans égale.

Sa prédication jointe à sa piété, lui attira

4

bientôt de nombreux pénitents. Un homme
qui parlait si sagement, si judicieusement,
devait être, disait-on, un homme de Dieu,
un homme de bon conseil, un vrai directeur des âmes. Les foules qui assiégèrent
son confessionnal à Saint-Paul durant les
vingt-quatre années qu'il y passa, en furent la
preuve la plus évidente. Il se donnait à tous,
aux petits comme aux grands ; aux enfants
comme aux vieillards ; aux ignorants comme
aux savants. Tous ceux qui l'approchaient une
fois, voulaient le revoir ; et comme il ne sut
jamais rien refuser quand il s'agissait de faire
du bien aux âmes, il arriva bientôt que son
confessionnal fut littéralement envahi. Les
heures du jour ne suffirent plus ; il dut pro-
longer ses séances au confessionnal jusqu'aux
heures de la soirée. Quoique d'une faible santé,
jamais il ne se plaignait de la fatigue. En vain
le vieux sonneur qui chaque soir gardait
l'église, jusqu'à l'instant de la fermeture, lui
disait : « Mon bon M. Lecompte, vos pénitents
vous tueront ». M. Lecompte se contentait de
lui répondre : « Demain, je serai peut-être
moins occupé ». Mais le lendemain ressemblait
au jour précédent ; et les jours se suivaient
amenant au modeste prêtre des pénitents toujours plus nombreux.

Qui pourra dire le bien que M. Lecompte a
opéré dans son confessionnal de la chapelle
de Notre-Dame des Miracles ? indiquer le
nombre des âmes qu'il a réconciliées avec
Dieu, arrachées au péché, éclairées, fortifiées,
soutenues, délivrées du danger, soustraites à
leurs passions ? Cet homme en apparence si
doux, si faible, s'attachait aux âmes avec
une force indomptable, et ne les laissait
aller que lorsqu'il les avait gagnées à Dieu.
Imitateur de son divin maître, dont le prophète
Isaïe avait dit : « Il ne foulera pas aux pieds le
roseau brisé, il n'éteindra pas la mèche qui
fume encore (1) », il avait une telle pitié des
âmes des pécheurs, qu'en elles, il trouvait
toujours une apparence de bien qui justifiait
sa charité. Quand on cherchait à lui démontrer
qu'il perdait son temps et sa peine à vouloir
ramener certains pécheurs : « Il y a du bon,
répondait-il avec une conviction qui coupait
court à toute discussion ; Notre-Seigneur n'est-
il pas mort pour cette âme ? N'est-elle pas des-
tinée à aller au Ciel ? »

Si M. Lecompte se livrait avec un tel dévouement au ministère du confessionnal, il se con-

(1) *Calamum quassatum non conteret, et linum fumi-
gans non extinguet.* (Isaïe, XLII, 3).

sacrait avec une charité plus grande encore,
si je puis parler ainsi, au ministère des malades. « Il faut, disait-il, assurer leur salut
d'une manière définitive. » Aussi il était toujours prêt, dès qu'on l'appelait chez un malade.
Il quittait tout pour accourir près de lui. Que
de fois, nous l'avons vu se lever de table,
au moment même où il venait de s'y asseoir,
sans se donner le temps de prendre la plus
petite nourriture dont il avait cependant
si grand besoin. « Si mon malade mourait,
s'écriait-il, que deviendrais-je ? » et il partait
ne s'inquiétant ni du genre de maladie, ni des
précautions à prendre. « Le bon Dieu, disait-il,
veille sur ceux qui lui appartiennent ».

Lorsqu'il avait été introduit auprès d'un
malade, il ne l'abandonnait plus qu'à sa
guérison, ou à sa mort. Il réitérait ses visites
aussi souvent que possible, afin d'achever par
un bon conseil, par une pieuse exhortation, le
bien commencé.

Mais où il fallait voir M. Lecompte, c'était
dans l'administration des derniers sacrements.
Là, il était incomparable. Après avoir compati
aux souffrances de son malade, il cherchait à
ranimer sa foi, à relever ses espérances, lui
insinuait la nécessité de se soumettre avec
résignation à la sainte volonté de Dieu ; d'ac-

cepter, en expiation de ses péchés, l'épreuve présente. Parfois, il lui arrivait de rencontrer des résistances, mais il ne s'en offusquait pas. En quittant le malade, il lui disait de sa voix la plus aimable : « Mon ami, je vais prier pour vous. » Et Dieu sait s'il était fidèle à sa promesse.

Une fois, il fut appelé auprès d'une jeune mère de famille, frappée soudainement par un de ces accidents qui ne pardonnent guère. La malade venait à peine de recevoir les derniers sacrements, lorsqu'elle est prise d'un accès de désespoir. « Je ne veux pas mourir, s'écrie-t-elle, je ne veux pas quitter mon mari, mes enfants. » En vain, M. Lecompte cherche à la calmer, à lui parler de la miséricorde de Dieu, de la Providence. Tout fut inutile. Les deux jours suivants, il revient. Chaque fois il la trouve dans les mêmes dispositions. Effrayé de cette tentation qui menaçait le salut d'une âme jusqu'alors vraiment chrétienne, il priait, priait encore, demandant à Dieu de changer les sentiments de sa malade. Le second jour, sur les neuf heures du soir, il retourne vers elle. En l'apercevant, il constate que quelques heures la séparent à peine de sa mort. Il l'exhorte de nouveau, mais inutilement. Désolé, il la quitte en lui disant : « Mon enfant, je vais demander

pour vous la soumission à la sainte volonté de
Dieu ». Au sortir de l'appartement il aperçoit
la mère de la malade, l'encourage à consoler
sa fille, à lui faire faire le sacrifice suprême et
la conjure de l'appeler quand les derniers moments arriveront, si elle n'a pas encore dit à
Dieu son *Fiat*.

Quant à lui, une fois de retour dans sa
chambre, au lieu de prendre du repos, il se
jette à genoux et passe la nuit en prière.
Soudain, sur les trois heures du matin, une
vive lumière apparaît à ses yeux : son âme
éprouve une consolation indicible. Il prie avec
plus de ferveur jusqu'au moment où il peut re-
tourner chez sa malade. Mais quel n'est pas
son étonnement ? En arrivant, il voit la mère
de la malade venir à sa rencontre : « Ma fille est
morte, lui dit-elle, mais elle est morte en baisant
avec amour le crucifix, après avoir fait cette
prière : Mon Dieu, qui avez donné votre vie
pour moi, que votre volonté soit faite ; à mon
tour je vous fais le sacrifice de ma vie, et confie
à votre miséricorde mon mari et mes enfants.
L'horloge, ajoute la mère, sonnait alors trois
heures. » Nul doute, que Dieu n'eut exaucé les
prières de son fidèle serviteur.

Mais ce n'étaient pas seulement les pénitents
de M. Lecompte qui réclamaient son assis-

tance à l'heure de la mort. De nombreux malades l'appelaient à leur tour dans l'espoir qu'il adoucirait leurs derniers moments et que, grâce à sa bonté et à son indulgence, ils pourraient plus facilement réparer une vie passée loin de Dieu. M. Lecompte ne refusait personne. Un jour, que nous le trouvions accablé de fatigue, nous lui demandions s'il avait visité plusieurs malades? « Ce n'est pas la peine d'en parler, disait-il ; mais aujourd'hui j'ai visité quatorze malades dans les divers quartiers de la ville. »

Et malgré les confessions, et malgré les visites de malades, M. Lecompte ne manquait à aucun de ses devoirs de vicaire. Nul ne faisait plus exactement sa semaine, n'assistait plus régulièrement aux offices de la paroisse, nul n'était plus disposé à rendre service, à remplacer un confrère pour lui laisser prendre un repos qu'il ne s'accordait jamais à lui-même: « Je serai là, soyez tranquille, comptez sur moi. »

Cependant il est deux œuvres dont nous n'avons pas encore parlé, deux œuvres dont M. Lecompte eut la direction et dont il s'occupa avec un zèle extraordinaire pendant le temps de son vicariat. Ces œuvres sont : l'archiconfrérie de Notre-Dame-des-Victoires, et l'aumônerie de l'École normale.

Nous ne reproduirions pas la personnalité de M. Lecompte, si nous passions sous silence ces deux œuvres, qui tinrent une si grande place dans sa vie.

En 1840, M. Huet, curé de Saint-Paul(1), avait sollicité l'érection d'une confrérie de la Très Sainte-Vierge pour la conversion des pécheurs, et obtenu son affiliation à l'archiconfrérie de Notre-Dame-des-Victoires, de Paris. Il en fut le directeur jusqu'à sa nomination à la cure de Sainte-Croix. Son successeur à Saint-Paul, M. Boutillier prit à son tour la direction de l'archiconfrérie et la conserva pendant huit ans environ. Se trouvant fatigué, il pria M. Lecompte de le remplacer en qualité de sous-directeur. Le titre fut accepté par obéissance, car M. Lecompte qui tenait à faire plaisir à son curé, et à se montrer son auxiliaire dévoué, redoutait tout ce qui paraissait lui donner

(1) On peut consulter sur M. Huet, une notice biographique composée par M. Lambert, curé de Notre-Dame-de-Recouvrance. Les *Annales religieuses d'Orléans* insérèrent d'abord cette notice dans leurs numéros du 19 juin 1875 et suivants. Elle fut ensuite publiée en brochure sous ce titre : *M. Huet, Vicaire-Général, Archiprêtre de la Cathédrale d'Orléans,* par un ancien vicaire de Sainte Croix, 1875. — Orléans. Imprimerie Ernest Colas.

une certaine prééminence sur ses confrères
dans une œuvre paroissiale : mais la charge
fut reçue avec joie. Elle lui fournissait l'occasion précieuse de manifester sa piété envers
la Très Sainte-Vierge, dont il était, depuis sa
plus tendre enfance, le dévot serviteur.

Grâce à son zèle, à son activité, cette archiconfrérie prit une nouvelle extension. On venait à ses saluts de toutes les parties de la
ville, car Saint-Paul était alors la seule église
d'Orléans où il y eut réunion le dimanche soir.
M. Lécompte mit en œuvre tous les moyens à sa
disposition pour donner aux réunions de l'éclat
et de la solennité, relever la splendeur des
offices, multiplier les fêtes, embellir l'autel
de Notre-Dame des Miracles, et augmenter le
nombre des associés. Son désir était qu'à Saint-
Paul, on se rapprochât, autant que possible, des
usages de Notre-Dame-des-Victoires, de Paris.
C'est pour cela que pendant son vicariat, les
seules vacances qu'il se permit, furent cinq ou
six voyages à Paris, dans le seul but d'assister
au salut du dimanche à Notre-Dame-des-
Victoires, et d'étudier ce qui s'y pratiquait. A
chaque voyage, il revenait édifié, ravi, de ce
qu'il avait vu, entendu. « Les réunions de Paris,
nous disait-il, sont comme un avant-goût des
joies du ciel. » Puis son zèle s'ingéniait alors à

reproduire dans une certaine mesure les merveilles dont il avait été l'heureux témoin, per-
suadé que plus la Très Sainte-Vierge serait
honorée, plus son culte revêtirait de magni-
ficences, plus nombreuses seraient les grâces
qu'elle obtiendrait à ceux qui recourraient
aux prières de l'archiconfrérie.

En même temps qu'il multipliait les efforts
de son zèle, il n'oubliait pas quelle est la force
de l'exemple. Il s'imposa l'obligation stricte,
étroite, de se consacrer à cette œuvre en assistant, avec une fidélité exemplaire, à toutes les
réunions.

Pendant vingt-quatre ans, on le vit tous les
dimanches et fêtes de la Très Sainte-Vierge,
assister au salut. Il était là, présidant les exercices, montant dans la chaire aussitôt après la
prédication pour faire les recommandations
qu'il avait reçues dans le cours de la semaine. Il
lisait ces recommandations avec un tel esprit
de foi et de piété, que non seulement on s'y
intéressait, mais que de plus, on se sentait
incliné à prier pour ceux qui réclamaient
ainsi le secours de la Très Sainte-Vierge. A la
fin du salut, quand M. Lecompte récitait à
haute voix les prières en usage aux réunions
de l'archiconfrérie, les fidèles les récitaient
avec lui, et formaient comme un concert de

louanges qui s'élevait de la terre vers le trône
de la Mère de miséricorde !

Cette direction de l'archiconfrérie attirait à
M. Lecompte de nombreuses visites et lui fournissait l'occasion de consoler les âmes, de dire
un mot de Dieu, d'exciter à la confiance envers
Marie. Bien des fois, il arrivait qu'en le quittant, on lui demandait son heure. « De suite,
répondait-il, si vous le désirez. » On acceptait
cette parole si simple, si loyale, si convaincue.
On se rendait à l'église ; les anges du ciel se
réjouissaient sur le pécheur revenu à son Dieu,
et M. Lecompte ne quittait pas le sanctuaire
de Notre-Dame des Miracles, sans remercier
la Très Sainte-Vierge de cette nouvelle marque
de sa bonté.

Que de marques n'a-t-il pas constatées ? ou
plutôt que de grâces la Très Sainte-Vierge n'a-
t-elle pas obtenues à son fidèle serviteur ? Sa
modestie lui fermait les lèvres, et cependant
il ne pouvait s'empêcher de dire : « Ayez-donc
confiance en Marie ; priez-la, priez-la toujours, vous serez exaucé. »

Une mère en fit un jour la douce expérience.
Cette mère, dans le paroxisme de la douleur,
entre dans l'église de Saint-Paul. Elle est toute
échevelée, et pousse des cris perçants en se
dirigeant vers l'autel de Notre-Dame des Mi-

racles. « O Marie, s'écriait-elle, sauvez ma
fille. » M. Lecompte se trouvait alors au confessionnal ; il entend ces cris, sans en distinguer
le sens. Inquiet, il quitte son pénitent, s'approche de cette mère, la reconnaît, apprend
le sujet de sa douleur : sa fille est mou-
rante ; les médecins l'ont condamnée. Peut-
être a-t-elle déjà rendu le dernier soupir.
M. Lecompte console la mère, cherche à mo-
dérer sa douleur, l'engage à prier, à mettre sa
confiance en Marie. Lui-même prie près d'elle.
Peu à peu le calme se produit. Alors M. Lecompte congédie cette mère désolée en lui disant : « La Très Sainte-Vierge sauvera votre
fille ! » Pleine de confiance la mère rentre
dans sa demeure et voit son enfant lui sourire.
Quelques jours après, elle amenait sa fille à
Notre-Dame-des-Miracles pour la remercier
d'une guérison obtenue contre toute espérance,
grâce à la tendresse maternelle de Marie et
aux prières du bon M. Lecompte.

Nous avons choisi ce fait, au milieu de plusieurs autres, qui pourront un jour trouver
place dans un ouvrage que nous publierons,
si Dieu veut bien nous permettre de raconter les gloires de Notre-Dame des Miracles,
de Saint-Paul. Nous avons tenu à citer celui-
ci pour montrer la confiance que M. Lecompte

avait envers la Très Sainte-Vierge, et celle qu'il savait inspirer à ceux qui se recommandaient aux prières de l'archiconfrérie.

Quelque fatigue que causât à M. Lecompte la direction d'une œuvre à laquelle il se consacrait avec un zèle toujours nouveau, il ne voulut jamais s'en décharger. « Cette œuvre, assurait-il à ceux qui craignaient pour sa santé, est un délassement après les labeurs du ministère. » Au moment de sa nomination à la cure de Saint-Pierre, il nous avouait que son plus grand sacrifice était d'abandonner l'archiconfrérie. Aussi, le dimanche soir, quand de son presbytère, il entendait sonner les cloches de Saint-Paul, plus d'une fois, les larmes lui montèrent aux yeux, en songeant à la réunion dont il était désormais privé.

Il semble que dans la vie de M. Lecompte telle que nous venons de la décrire, tous les instants étaient si occupés, qu'il n'y eut plus place pour aucune autre œuvre. Nous nous tromperions si nous pensions qu'il en fut ainsi, car nous n'avons pas encore dit un mot de l'aumônerie de l'École normale qu'on pourrait appeler l'œuvre capitale de son ministère pendant son vicariat.

En effet, au moment où il arrivait à Saint-Paul, M. Lecompte fut nommé aumônier de l'École normale des institutrices.

Le 1ᵉʳ janvier 1843, l'Académie fondait à
Orléans une École normale d'institutrices, et
en confiait la direction aux Filles de la Sagesse
de la paroisse Saint-Paul. Elle savait qu'elle ne
pouvait trouver des maîtresses meilleures,
plus intelligentes, et plus à la hauteur de leur
situation. Mais elle comprit, que tout en confiant aux Filles de la Sagesse son École normale, elle devait encore faire appel au ministère du Prêtre, afin d'inspirer aux futures
éducatrices de nos campagnes, avec une foi
profonde, l'amour de la vertu, et le désir de se
consacrer sans réserve aux devoirs si impor-
tants et parfois si pénibles de leur profession.

Elle pria donc Mgr Fayet de leur accorder
un aumônier. Sa Grandeur répondit à ce désir
et désigna comme aumônier de la nouvelle
école, M. Gendrot, second vicaire de Saint-Paul.
Celui-ci remplit ces fonctions pendant six ans,
et les résigna au moment où il quitta le vicariat de saint-Paul, pour prendre possession de
la cure de Saint-Denis-de-l'Hôtel. Quand il
s'agit de lui donner un successeur, Mgr Fayet
n'hésita pas. Il connaissait la vertu de M. Lecompte; et le savait homme de devoir et de
travail. Il le nomma donc vicaire de Saint-Paul,
et lui confia en même temps l'aumônerie de
l'École normale.

M. Lecompte sentant la responsabilité de

cette charge, aurait bien désiré la décliner.
Mais M. Benech en qui il avait pleine et entière
confiance, le rassura, en lui disant : « La Providence vous a nommé; elle vous donnera les
grâces nécessaires ; ne vous inquiétez pas. »
M. Lecompte se rendit à cette parole de son
supérieur. Il se mit à l'œuvre et se révéla dans
cette position, savant professeur et directeur
consommé dans la science des âmes.

Les études auxquelles il s'était livré jusqu'alors, l'avaient singulièrement disposé au
genre d'enseignement qu'il devait donner à
l'École normale. Mais pour entrer pleinement
dans l'esprit de sa nouvelle fonction, il com-
posa un cours d'études religieuses. Tous ceux
qui ont suivi ce cours, l'ont appelé un chef-
d'œuvre du genre; mais nul ne saurait dire ce
qu'il lui coûta de travail, de recherches, de
fatigue. Cependant il sera facile de le comprendre, si nous ajoutons que M. Lecompte
recomposa trois fois complètement son cours,
mettant à profit les lumières de l'expérience
et tenant à honneur d'être au niveau de toutes
les découvertes et de tous les progrès de la
science. Que de nuits il passa dans ce travail
de la composition! que de livres, que d'ouvrages il consulta ! Mais que lui importait la
fatigue, pourvu qu'il atteignît le but? Esprit

lucide, méthodique, il ambitionnait de se
faire comprendre par toutes ses élèves. Il
voulait qu'elles arrivassent à saisir pleinement la vérité qu'il leur présentait dans les
termes les plus simples, mais en même temps
les plus choisis; car chez lui, le fonds, la forme,
rien ne laissait à désirer.

Deux jours par semaine, il se rendait à
l'École normale pour faire sa classe. Il y montrait une telle dignité, y mettait tant de bonté,
y déployait tant d'ardeur que ses élèves
trouvaient toujours trop court le temps de la
leçon. Les maîtresses elles-mêmes suivaient
la conférence avec un vif intérêt. L'une
d'elles, qui devint plus tard directrice de
l'École normale, nous disait : « Avec M. Lecompte on s'instruit toujours. Depuis tant d'années que je suis son cours, j'écoute toujours
avec la même attention. Jamais sa science n'est
en défaut; ses raisonnements sont si limpides;
ses expressions si justes, qu'on éprouve un
bonheur réel à l'entendre. Des traits heureux
viennent corroborer la doctrine, et donnent à
son enseignement un merveilleux attrait. »

Après la classe, le professeur devenait le
directeur des âmes. De la salle de classe, il
passait à la chapelle. Tantôt prédicateur, tantôt
confesseur, par ses instructions et sa direc-

tion, il s'appliquait à former ses élèves aux
vertus chrétiennes et les initiait aux devoirs de
leur future profession. « Vous serez un jour des
apôtres, leur disait-il ; essayez donc, dès maintenant, d'en remplir les importantes fonctions.»

Un tel enseignement et une telle direction
portaient leurs fruits. L'Académie le reconnut
elle-même. Nous en avons pour preuve le
témoignage que rendit à M. Lecompte un des
plus hauts personnages de l'Université, M. Baudouin, inspecteur général de l'instruction
publique pour l'enseignement primaire (1).

(1) D'après les notes écrites de sa main sur le registre
du Grand-Séminaire d'Orléans, M. Jean-Magloire Baudouin, naquit à Saint-Benoît-sur-Loire, le 16 septembre 1817. Il eut pour père Jean-Martin Baudouin,
et pour mère Henriette Antoinette S'archand. Son père
exerçait les professions de tailleur et de perruquier,
et sa mère celles de lingère et de marchande. M. Baudouin fit ses études au Petit-Séminaire d'Orléans, et reçut la tonsure à la fin de sa rhétorique, le 28 mai 1836.
Au 28 octobre de la même année il entrait au Grand-
Séminaire. Mais après avoir étudié plus mûrement sa vocation, il se décida à rentrer dans le monde. Il se rendit
à Paris, et devint professeur de littérature et de philosophie. Comme les leçons se multipliaient et ne lui
laissaient pas assez de loisir pour préparer ses classes,
il s'adressa à la bienveillance de M. Lecompte, son con-
disciple dont il avait admiré le talent, et dont il appré-

5

Venant en 1866 visiter l'École normale des institutrices, il disait aux élèves : « Quelle distinction je trouve dans les institutrices du Loiret! quelle tenue ! quelle bienséance! quel amour du devoir! Mais ce résultat à qui le doit-on? D'abord à vos maîtresses si dévouées,

ciait les rédactions. Il le conjura de lui prêter tous ses cahiers de littérature et particulièrement ceux de philosophie. M. Lecompte se rendit à son désir, et M. Baudouin utilisa avec bonheur ces cahiers rédigés avec le plus grand soin. Ce secours lui permit de poursuivre d'autres études auxquelles il se livra en travailleur infatigable, dit M. René Biémont dans son *Orléans*. (*Orléans*, par René Biémont. Orléans 1881, H. Herluison, éditeur). Grâce à son énergie, M. Baudouin conquit plusieurs doctorats, publia divers ouvrages et traductions, et fut assez heureux pour devenir le professeur de LL. AA. les princes d'Orléans Sous l'Empire, il entra dans la carrière de l'Instruction et obtint le titre d'inspecteur général pour l'enseignement primaire. Il fut chargé deux fois de graves et de délicates missions par le ministre de l'Instruction publique, M. Duruy. A la suite de l'une de ces missions, en 1867, il publia un rapport remarquable sur l'état actuel de l'enseignement spécial et de l'enseignement primaire en Belgique, en Allemagne et en Suisse. Il conserva son titre et ses fonctions sous le gouvernement de la République, fut nommé officier de la Légion d'honneur et mourut le 11 mars 1882, à Paris, rue Notre-Dame-des-Champs, 76. Son service funèbre eut lieu le 15 mars, dans l'église de Notre-Dame-des-Champs, sa paroisse.

mais elles me pardonneront si j'ajoute : on le
doit surtout à votre excellent aumônier. Pourquoi n'est-il pas ici? Ne pourrais-je le voir? »

Aussitôt on va prévenir M. Lecompte. Dès
que l'Inspecteur général l'aperçoit, il court
au devant de lui, se jette à son cou, l'embrasse
avec effusion : « Mon cher ami, quel bonheur
de te revoir. Laisse-moi te féliciter publique-
ment du bien que tu opères. » Puis comme les
personnages qui accompagnaient l'Inspecteur
général, comme les maîtresses et leurs élèves
paraissaient tous surpris de cette démonstra-
tion d'amitié, l'Inspecteur général leur dit :
« M. Lecompte est le plus modeste des hommes,
mais le meilleur des amis. J'ai été son condis-
ciple au Petit et au Grand-Séminaire ; toujours
il a été pour moi d'une bonté sans égale. Quand
je quittai Orléans, ce fut encore à lui que j'eus
recours. Comme il avait toujours eu les premières places dans ses classes, qu'il s'était dis-
tingué au Grand-Séminaire, je lui empruntai
ses cahiers de littérature et de philosophie
pour m'aider dans les leçons que je dus
donner. Ces cahiers m'ont été très utiles.
Par expérience je sais qu'on ne pouvait accorder à l'École normale ni meilleur, ni plus
savant aumônier. » A ces paroles, les bravos
et les applaudissements éclatent de toutes parts.

M. Lecompte tout ému assure qu'il ne mérite
pas de tels éloges; mais l'Inspecteur général
tient à les confirmer de nouveau. Puis le rete-
nant près de lui : « Faisons ensemble la visite, »
dit-il, et tous deux comme d'excellents amis,
inspectent l'École. Nous regrettons de n'avoir
pas le rapport de l'Inspecteur général ; mais ce
que nous savons, c'est que M. Baudouin se retira pleinement satisfait, exprimant le désir que
toutes les Écoles normales ressemblassent à
celle d'Orléans.

Ce témoignage n'est pas le seul qui fut rendu
à M. Lecompte. Chaque année, à l'époque des
examens pour les brevets de capacité, le jury
manifestait son étonnement sur la science
religieuse des aspirantes. Que de fois nous
avons entendu M. Desbrosses, vicaire général (1)
et membre du jury, dans ses visites à la cure
de Saint-Paul, exalter devant M. Boutillier la
science et le talent de son vicaire. « Mon ami,

(1) Mgr Coullié a rendu hommage à la mémoire de
M. DESBROSSES dans sa lettre du 25 novembre 1880. Cette
lettre se trouve dans la collection de ses mandements,
tome I, pages 355 et suivantes, et est intitulée : « Lettre
circulaire de Monseigneur l'Évêque d'Orléans à l'occasion
de la mort de M. l'abbé Desbrosses, vicaire général,
doyen du Chapitre ».

lui disait-il, c'est un véritable plaisir de faire passer l'examen aux élèves de l'École normale, ce sont de vraies théologiennes. Elles exposent les vérités de la religion, et résolvent les objections avec une facilité étonnante. Quelle science et quel talent doit avoir M. Lecompte! Mais quel travail doit-il s'imposer pour arriver à de tels résultats! »

Nous aimons à répéter ces appréciations, car elles sont une justice rendue au mérite de M. Lecompte.

Cependant celui-ci était toujours dans l'inquiétude au moment des examens, et redoutait toujours quelque surprise. A ce propos, il nous racontait un fait arrivé aux examens, dans les premières années où il remplissait les fonctions d'aumônier. L'inspecteur primaire pose cette question à une aspirante : « Mademoiselle, pourriez-vous me dire quel est le premier objet mobilier qu'on doit poser dans une classe? « La jeune fille cite tour à tour divers objets. A chacune de ses réponses, l'inspecteur oppose une dénégation. L'aspirante se trouble; bientôt elle ne peut plus parler. Alors l'inspecteur lui dit en accentuant ses paroles : « Mademoiselle, n'avez-vous pas un aumônier à l'École? et ne vous a-t-il pas dit que le crucifix était le premier objet mobilier qui devait trouver place dans une

classe ? » Puis il démontre la nécessité du crucifix et termine en disant : « Mademoiselle,
je le regrette pour vous ; mais quand on ne sait
pas que le crucifix est le premier objet mobilier qu'une maîtresse doit poser dans sa classe,
on n'est pas digne d'en remplir les fonctions.
Vous ne serez pas reçue. » De fait, l'aspirante
ne fut pas reçue. Elle était cependant l'une des
premières élèves de l'École, aussi recomman-
dable par son savoir que par sa vertu.

L'échec de cette aspirante, et la parole de
l'inspecteur primaire : « N'avez-vous pas un
aumônier à l'École » furent une peine pour
M. Lecompte. Mais il la domina bientôt, en
disant : « Ne négligeons rien pour nos élèves. »
En effet, il ne négligea jamais rien. Son cours fut
fait avec un zèle incomparable, et pour le com-
pléter il eut la pensée d'appeler, chaque année,
les anciennes élèves devenues maîtresses, à
faire une retraite générale pendant le temps
des vacances.

Sa proposition fut acceptée; les Filles de la
Sagesse entrèrent de grand cœur dans ses vues,
et l'inspecteur d'académie consulté, déclara que
rien ne pouvait être plus utile.

M. Lecompte seul, dirigea d'abord ces
retraites, qui duraient près d'une semaine.
Apôtre infatigable, il prêchait quatre fois par

jour, et consacrait le reste du temps aux confessions des retraitantes. Dans la suite, M. Rabotin, vicaire général, membre de la commis-
sion de l'École normale, accepta la proposition
de parler chaque jour à la conférence. Malgré
ce secours, pendant plus de vingt ans, le poids
de la retraite retomba tout entier sur M. Lecompte. Que lui importait? Il travaillait pour
Dieu, pour le bien des âmes; il se sacrifiait.
C'était et ce fut toujours sa seule ambition.

L'inspecteur d'académie qui avait accordé
son consentement à la retraite des institutrices,
voulut se rendre compte de l'effet qu'elle produisait. Il interrogea les directrices de l'École
normale et les institutrices elles-mêmes. Surpris des résultats, il eut la pensée de faire
donner une retraite aux instituteurs, et pendant les vacances de 1855, Orléans ne vit pas
sans une certaine admiration les instituteurs
du Loiret prendre leur pension soit au Collège,
soit à l'École normale, et pendant une semaine
se réunir plusieurs fois le jour dans l'église
de Saint-Pierre-du-Martroi, pour y suivre les
pieux exercices d'une retraite. L'auteur de ce
bien était M. Lecompte. Aussi les instituteurs
et institutrices lui devront une grande reconnaissance, car il fit tout ce qui dépendait de lui
pour relever leur position, l'ennoblir à leurs

yeux, leur montrer le bien qu'ils accomplissaient et soutenir leur courage en ravivant leurs espérances éternelles.

En suivant M. Lecompte dans les divers travaux qui occupèrent son vicariat, il est une vertu que nous avons déjà signalée, mais sur laquelle il nous semble nécessaire de nous arrêter plus spécialement, c'est sa modestie. Peu de prêtres ont eu un ministère aussi laborieux et aussi fructueux que le sien, et cependant le silence se fit presque toujours autour de son nom. Cela tenait d'une part à ce qu'il ne consentit jamais à publier ses œuvres (1). « Laissez-moi remplir mes fonctions, cela suffit, disait-il, à ceux qui souhaitaient l'impression de son cours : je ne veux pas être auteur. » D'autre part se laissant absorber par un immense travail, il ne trouvait jamais le temps de faire aucune visite ; d'assister à des

(1) Nous ne connaissons en effet de M. Lecompte que deux notices insérées dans les *Annales religieuses*, celle de Mlle Augustine Wilmart, publiée sans nom d'auteur dans le numéro du 11 septembre 1875, et celle de M. Boutillier, que nous avons citée plus haut. Si après ces deux notices, nous mentionnons : le petit manuel de l'archiconfrérie, édité par la librairie Séjourné, nous aurons donné la série complète des œuvres de M. Lecompte livrées à la publicité.

séances, où ses fonctions, sa vertu, ses talents, lui assignaient une place. Ses amis l'en
plaisantaient quelquefois. Il acceptait gaie-
ment leurs observations, et de son sourire le
plus aimable il leur répondait : « Quand j'au-
rai le temps, j'irai, je serai vôtre. »

Mais ses supérieurs ecclésiastiques avaient
les yeux ouverts sur lui, et Mgr Dupanloup
qui avait été frappé de son air de sainteté,
qui connaissait ses éminentes qualités, et surtout son obéissance aux ordres de son évêque,
voulut lui donner une marque d'estime particulière, et profita de la circonstance suivante
pour la lui accorder.

Sa Grandeur qui comprenait les avantages
précieux que la vie commune offrait aux
prêtres, voulut établir dans le diocèse la commensalité des curés avec leurs vicaires.

A Saint-Paul la chose n'était pas facile.
Depuis longues années, le curé, M. Boutillier
occupait seul le presbytère, et les vicaires
résidaient dans une maison appelée : le Petit-
Séminaire. Chacun d'eux avait son ménage
particulier. M. Lecompte possédait au vicariat
un appartement dans lequel demeuraient avec
lui sa mère et sa sœur. Depuis son sacerdoce, il
avait toujours eu le bonheur de vivre en famille. C'était pour lui une douce joie, quand il

avait un instant de liberté, de le consacrer à sa
mère et à sa sœur. Celles-ci ne semblaient vivre
que pour lui. Elles l'entouraient de soin, d'attention et avaient des précautions sans nombre
pour sa santé toujours si délicate. Il espérait
que cette vie de famille durerait longtemps
encore, lorsque Monseigneur le manda à l'évêché : « Mon ami, vous connaissez mes désirs sur
la vie commune des curés et des vicaires, mais
vous savez aussi que je n'ai pas l'intention d'y
obliger MM. les Curés nommés avant 1850.
Cependant si le clergé de Saint-Paul s'y sou-
mettait, l'exemple de la première paroisse
d'Orléans produirait un excellent effet. Aussi
je désirerais savoir si vous ne pourriez pas,
vous et vos confrères, résider chez votre
curé ? » — « Non, Monseigneur, répartit M. Lecompte, car au presbytère, il n'y aurait pas
une chambre pour chacun de nous. » — « Ne
pourrait-on pas élever le presbytère d'un
étage ? » — « Pour le moment, Monseigneur, la
chose ne me paraît pas possible. M. le Curé
vient de construire le portail de son église, et
songe à acquitter les dettes qu'il a contrac-
tées. » — « Mais, reprend Monseigneur, les
vicaires ne pourraient-ils pas au moins vivre
ensemble et faire une communauté ? » —
« Monseigneur nous n'y avons pas encore son-

gé? » — « Vous y songerez mon ami, et vous viendrez me rendre réponse (1). »

Ce désir de Monseigneur jeta M. Lecompte dans une douloureuse anxiété, car il sentait toute la peine que sa réalisation causerait à sa mère; il sentait que lui-même serait privé des soins particuliers que réclamait son état de santé. Mais en face du désir de son évêque, qui espérait un grand bien de la commensalité de ses prêtres, son parti fut bientôt pris. Il s'arma de tout son courage, décida sa mère et sa sœur à se retirer dans leur maison du faubourg Bannier. Puis il répondit à Mgr Dupanloup que sa volonté serait la sienne et qu'il pouvait compter sur son obéissance. Heureux de cet assentiment, Mgr Dupanloup imposa au vicariat de Saint-Paul la commensalité.

Sur ces entrefaites, le premier vicariat de Saint-Paul devint vacant par suite de la nomi-

(1) Quelques lecteurs s'étonneront peut-être de cette instance de Mgr Dupanloup. Mais quand on a étudié son instruction pastorale du 6 mai 1854 au sujet de l'établissement de la vie commune entre les curés et les vicaires de son diocèse, volontiers on répète avec Mgr Lagrange, que cette vie commune n'est pas assurément un des moindres biens que le grand évêque ait opérés dans son diocèse. (*Vie de Mgr Dupanloup, évêque d'Orléans, par M. l'abbé Lagrange, tome II, page 70.*)

nation de M. Privat à la cure de Saint-Marc.
Le nouveau vicaire qui le remplaçait pouvait
prétendre à lui succéder dans sa position. Une
coutume alors en vigueur, assignait aux vicaires
le rang non pas selon l'ancienneté du ministère dans la paroisse, mais selon l'ancienneté
dans le sacerdoce. Mgr Dupanloup n'accepta
pas cet usage. Il nomma M. Lecompte premier
vicaire, afin d'honorer le prêtre qui venait de
lui donner une telle marque d'obéissance, et
qui, depuis longtemps, exerçait le ministère
dans la paroisse.

Quelques années plus tard, Mgr Dupanloup
qui ne perdait pas de vue M. Lecompte, eut
crainte qu'il ne s'épuisât à force de travail, et
se mît dans l'impossibilité de remplir un poste
auquel lui donnaient droit à tant de titres, sa
vertu, ses talents et les mérites acquis. Il le fit
donc appeler et lui proposa une cure, tout en
lui laissant le temps de la réflexion et la liberté
du refus, si la proposition ne lui agréait pas.
Touché et surpris tout à la fois de cette communication M. Lecompte pria toute une journée, se recommanda à Notre-Dame des Miracles
et écrivit à Mgr Dupanloup la lettre suivante
que nous transcrivons d'après le texte origi-
nal conservé aux archives de l'Évêché.

« Monseigneur,

« Vous m'avez fait l'honneur de m'appeler
« hier pour savoir si je consentirais en ce
« moment à accepter une cure. L'obéissance que
« je vous dois, me fait un devoir de me mettre
« tout entier à votre disposition. Sous ce rap-
« port, je n'ai pas d'autre volonté que la vôtre.
« Mais puisque vous avez eu l'extrême bonté de
« vouloir bien me demander mon avis ; puisque
« vous avez voulu me laisser une liberté en-
« tière de vous exprimer ma pensée, j'avoue
« que le ministère que j'exerce depuis longues
« années, quoique fatigant, renferme des
« consolations pour un prêtre, qu'il est bien dif-
« ficile de ne pas regretter et que j'aurais peine
« à en rencontrer un qui soit plus intéressant.
« Telles sont, Monseigneur, les réflexions que
« vous avez bien voulu me permettre de sou-
« mettre à votre appréciation. Maintenant
« votre jugement sera le mien, votre décision
« sera pour moi celle de la Providence.

« Je suis, Monseigneur, avec un profond
« respect, de Votre Grandeur, le serviteur
« très humble.

« LECOMPTE, *vicaire de Saint-Paul.* »

« *P. S.* — Si vous vouliez me permettre
« d'ajouter que les courses un peu longues me

« fatigueraient beaucoup, s'il s'en rencontrait,
« dans le nouveau ministère que vous me des-
« tineriez. »

Mgr Dupanloup fut ému de cette lettre où le
prêtre d'obéissance, de modestie, de dévouement, se découvre à chaque mot. Il résolut de
laisser M. Lecompte à Saint-Paul. Mais pour
reconnaître son mérite, quelques semaines
après, le 3 février 1863, il le nommait chanoine
honoraire.

Cette distinction était d'autant plus honorable que jusqu'à ce moment, en dehors des
vicaires de la Cathédrale, jamais aucun vicaire
de la ville n'en avait été revêtu. Aussi M. Lecompte en demeura presque confus. Dans sa
modestie, il se demanda comment on n'avait
pas décerné cet honneur à ses confrères qui,
à son avis, en étaient plus dignes que lui. Sous
l'impression de cette pensée, tant qu'il resta
vicaire, il ne voulut jamais paraître au chœur
avec ses insignes de chanoine. Il se contentait
de les revêtir aux réunions générales du
clergé où le costume canonial était ces jours-là
de rigueur.

Rassuré sur son avenir, M. Lecompte continua à remplir avec un nouveau zèle les fonctions dont il était chargé. Il montrait une telle

ardeur dans chacun de ses ministères qu'on
aurait pu croire que c'était le seul objet de ses
préoccupations ! Mais combien d'autres travaux l'absorbaient !

Cependant les forces humaines ont un
terme.

L'année 1870 est venue, cette année terrible
où l'étranger envahit notre France, foula le
sol de la patrie, et où Orléans tomba en son
pouvoir.

Au moment de la déclaration de guerre, des
foules immenses fuyant devant l'ennemi, viennent chercher asile à Orléans. Notre-Dame des
Miracles semble leur rendez-vous. Chaque jour
des familles éplorées sont en prières dans ce
sanctuaire vénéré, et grand nombre d'entre
elles font appel au ministère de M. Lecompte
qui se prodigue pour consoler les affligés, relever les courages abattus.

Puis, quand, à la nouvelle de nos défaites et
à l'approche de l'ennemi, ces foules quittent
Orléans pour aller chercher plus loin un abri,
les blessés affluent dans notre ville. Des ambu-
lances nombreuses s'établissent de toutes parts.
La paroisse Saint-Paul ne reste pas en arrière
en fait de dévouement, et M. Lecompte ne
veut pas faillir à son devoir. Chaque jour on le
voit visiter, fortifier les malheureux blessés.

Son dévouement émeut les protestants euxmêmes qui réclament son concours pour leur
ambulance dans laquelle fut recueilli un certain nombre de catholiques.

Aussi quand la paix fut rendue à la France,
que les malades furent évacués, les protestants
tinrent à honneur de reconnaître les services
de M. Lecompte. Ils lui offrirent une médaille
qui attestait tout à la fois le zèle dont il avait
fait preuve à l'égard des blessés, et l'estime
qu'il avait su conquérir même auprès de ceux
qui n'appartenaient pas à la religion catholique.

La peine que lui avaient causée les malheurs
de la France, l'occupation d'Orléans, l'enva-
hissement de l'église Saint-Paul par la solda-
tesque prussienne ; sa profanation par les mi-
nistres protestants (1) ; les fatigues extraordinaires qu'il s'était imposées pour ne pas faillir
à son ministère pendant ces jours d'épreuve,
et plus de vingt années d'un ministère sans
trêve, ni repos, épuisèrent enfin les forces de
M. Lecompte. Malgré cet épuisement il continua son travail. Durant l'année scolaire 1871-
1872 il éprouva de telles souffrances que son

(1) On peut consulter sur ce sujet l'ouvrage intitulé :
L'invasion prussienne de 1870, par M. l'abbé Cochard.
T. II, pages 76 et suivantes.

curé, M. Boutillier, le conjura de se décharger d'une partie de son ministère sur ses confrères plus jeunes que lui. M. Lecompte ne pouvait s'y décider ; on eut dit qu'il voulait mourir sur la brèche. Il recommença même l'année scolaire 1872-1873.

A cette époque, un nouveau vicaire venait d'arriver à Saint-Paul. Sur les rapports qu'il en reçut, M. Boutillier le jugea capable de remplir les fonctions d'aumônier de l'École normale. Il insista donc auprès de M. Lecompte pour obtenir sa démission, en lui représentant que le ministère de l'École était désormais au-dessus de ses forces. « Si Monseigneur m'ordonne d'abandonner le poste, je lui obéirai », répondit M. Lecompte. « Voulez-vous que je lui demande cet ordre, » répliqua M. le Curé ? M. Lecompte ne répondit pas ; mais ses larmes attestèrent son regret de quitter une œuvre à laquelle il s'était sacrifié depuis tant d'années.

M. Boutillier vint trouver Mgr Dupanloup et le conjura de conserver M. Lecompte au ministère paroissial en le déchargeant d'une fonction à laquelle ses forces ne suffisaient plus. Mgr Dupanloup ne voulut pas accéder à cette prière sans avoir pris l'avis de son conseil (1). A la suite de la séance du 9 novembre 1872, il déchargea M. Lecompte de l'aumônerie de l'École normale et nomma à sa place M. Cornet, vicaire de Saint-Paul.

Il fallut encore obtenir l'assentiment du Ministre de l'Instruction publique. Celui-ci accueillit à son tour la démission de l'aumônier si dévoué, et quelques mois plus tard, le 27 août 1873, sur la proposition de M. Tranchau, alors Inspecteur d'Académie du Loiret, il décernait à M. Lecompte les palmes d'officier d'Académie en souvenir du dévouement dont il avait fait preuve pendant les vingt-quatre années de son laborieux ministère à l'École normale (2). La récompense était modeste. Aux yeux de M. Lecompte elle était encore trop considérable, car il n'avait jamais rien espéré, ne voulant travailler que pour Dieu et le bien des âmes.

La résignation de ses fonctions d'aumônier à l'École normale devait être pour M. Lecompte le signal d'un changement considérable dans sa vie. L'aumônerie en effet qu'il dirigeait avec

(1) Archives de l'Evêché. Procès-verbal de la séance du Conseil Episcopal du 9 novembre 1872.
(2) Communication de M. Dodard, secrétaire de l'Inspection Académique.

tant d'intelligence, de sagesse et de vertu, avait été la cause de son maintien dans le vicariat de Saint-Paul. Aussi quand Mgr Dupanloup, accueillit les ouvertures de M. Boutillier, il exprima le regret que ces ouvertures ne lui eussent pas été faites quelques semaines plus tôt, au moment de la mort du vénérable M. Barnault, décédé le 10 octobre 1872, curé de Saint-Pierre-le-Puellier. Il lui semblait que cette paroisse convenait particulièrement à M. Lecompte qui, à toutes les vertus que nous avons remarquées en lui jusqu'à ce moment, joignait une ardente charité pour les pauvres, et avait le don de s'en faire aimer. Or, à Saint-Pierre, les pauvres sont relativement plus nombreux que dans les autres paroisses de la ville.

Cependant la divine Providence qui dirige tous les événements, permit à Mgr Dupanloup de réaliser sa pensée sur la personne de M. Lecompte et sur la paroisse de Saint-Pierre-le-Puellier.

Le 23 novembre 1872, décédait M. Breton, curé de Saint-Laurent, ancien collègue de M. Lecompte, au vicariat de Saint-Paul, et dont la mémoire est restée en vénération dans ces deux paroisses. Aussitôt la voix publique désigna M. Lecompte pour son successeur.

Les paroissiens de Saint-Laurent formaient
des vœux pour sa nomination. Cette voix, ces
vœux eurent leur écho au Conseil épiscopal,
et M. Lecompte fut proposé pour la cure de
Saint-Laurent. Mais Mgr Dupanloup ne se
rendit pas à ce désir. L'occasion se présentait
de donner à la paroisse de Saint-Pierre-le-
Puellier le curé qu'il lui avait souhaité et il
voulut la saisir. Aussi quoique la nomination
de M. Aubert à la cure de Saint-Pierre-le-
Puellier fut déjà agréée par le gouvernement,
Mgr Dupanloup n'hésita pas à demander une
démission. M. Aubert se rendit avec une filiale
obéissance à la volonté de son Evêque. En
retour, Mgr Dupanloup, le nomma curé de
Saint-Laurent, et réserva la paroisse de Saint-
Pierre-le-Puellier à M. Lecompte (1). La suite
des événements prouva que Mgr Dupanloup
avait été bien inspiré, et les deux paroisses de
Saint-Pierre-le-Puellier et Saint-Laurent,
n'eurent qu'à s'applaudir de ce choix épiscopal.
Chacun des deux curés était sur le théâtre qui
convenait à son caractère.

(1) Archives de l'Evêché. Procès-verbal de la séance
du Conseil épiscopal du 29 novembre 1872.

IV

La cure de Saint-Pierre-le-Puellier

La nomination de M. Lecompte à la cure
de Saint-Pierre-le-Puellier fut pour lui
comme un coup de foudre. Encore sous l'impression de la peine que lui avait causée son
départ de l'Ecole normale, il lui fallait quitter
son vicariat de Saint-Paul, son archiconfrérie,
son confessional, devenir curé et encourir des
responsabilités qu'il aurait voulu toujours
décliner. Mais habitué à obéir en toutes
choses, et à ne voir que la volonté de Dieu
dans celle de ses supérieurs, il accepta la proposition qui lui fut faite par son Évêque.

Quand cette nomination fut connue, ses amis
vinrent le féliciter. « Oh ! nous disait-il alors,
dans une visite particulière, recevoir des
félicitations et sourire quand on a le cœur
brisé, que c'est dur ! On ne sait donc pas ce
qu'il m'en coûte pour quitter Saint-Paul ? Que
de liens je devrai rompre ! Mais la grâce de
Dieu sera là, ajouta-t-il ; avec son secours, je

ferai mon sacrifice. Puis saint Paul me recom-
mandera à saint Pierre, et saint Pierre viendra en aide au plus pauvre des curés. »

Pour obtenir cette grâce dont il sentait le
pressant besoin, il redoubla ses prières et ses
actes de dévotion. Depuis le jour de sa nomination jusqu'à celui de son installation, il ne quitta
plus, pour ainsi dire, le sanctuaire de Notre-
Dame des Miracles. On le voyait constamment
agenouillé devant la statue de la Vierge, demandant, avec la résignation, le secours nécessaire pour diriger sa paroisse en véritable
pasteur.

En même temps il sollicitait des prières de
tout côté ; il se recommandait surtout avec
instance à celles des religieuses Carmélites
dont le monastère se trouve sur la paroisse de
Saint-Pierre-le-Puellier (1). Homme de foi, il
avait une confiance illimitée dans les suppli-

(1) Après la Révolution, les Carmélites ne purent rentrer dans le couvent que leurs sœurs avaient occupé depuis 1622. Ce couvent qui se trouvait près du mail avait
servi à l'agrandissement de la caserne de l'Étape. — Mais
le 10 octobre 1808, elles vinrent se fixer dans l'ancien
bâtiment des Petits-Carmes, ou Carmes déchaussés. Des
personnes charitables achetèrent ce couvent, et le dispo-
sèrent à leur usage. C'est le couvent qu'elles occupent
encore aujourd'hui, rue du Puits-de-Linières, et qui se

cations et les bonnes œuvres des filles de sainte
Thérèse. Aussi pendant toute la durée de son
ministère curial, ses relations avec le Carmel
furent continuelles. Il intéressait les religieuses à toutes les œuvres de sa paroisse, en
les conjurant de porter devant Dieu le souvenir du pauvre curé de Saint-Pierre et de ses
chers paroissiens.

Les prières de M. Lecompte et celles des
Carmélites devaient être exaucées, et Marie
ne pouvait oublier son dévot serviteur.

Aussi le dimanche 19 janvier 1873, jour où il
fut solennellement installé, par M. Desbrosses,
vicaire général et archidiacre d'Orléans,
M. Lecompte se sentait animé d'une force
presque inconnue, et les fidèles de Saint-
Pierre-le-Puellier, en écoutant son discours,
comprirent qu'ils trouveraient dans leur nouveau curé un digne héritier des pasteurs qui
l'avaient précédé dans le gouvernement de la
paroisse (1).

trouve sur la paroisse de Saint-Pierre-le-Puellier. (*Sym-
phorien Guyon, tome II, page 476. Lottin: tome VII,
page 88. — Tome VIII, page 205.*)

(1) Voir dans les *Annales religieuses* du 25 janvier 1873,
le compte rendu de l'installation de M. Lecompte, curé
de Saint-Pierre-le-Puellier.

Il faut avouer que cette paroisse avait eu un choix privilégié de Pasteurs. Au moment, où elle fut détachée de la paroisse Sainte-Croix (1) elle eut pour premier curé M. Nutein dont la

(1) L'église de Saint-Pierre-le-Puellier fermée au moment de la grande révolution, fut rendue au service divin en 1816, et érigée en oratoire de la cathédrale.

Une ordonnance de Charles X en date du 1er novembre 1826, permit de disjoindre la paroisse de Saint-Pierre-le-Puellier de celle de la Cathédrale, et de l'ériger en cure de seconde classe. Le 20 novembre 1826, Mgr de Beauregard érigeait canoniquement la nouvelle paroisse, et lui donnait pour curé, M. Baron, chanoine honoraire et vicaire de Sainte-Croix. Mais quelques jours après sa nomination, M. Baron tomba malade. Il ne put prendre possession de sa paroisse. Son état de souffrance se perpétuant, il donna sa démission le 15 octobre 1827. Dès le lendemain, Mgr de Beauregard, faisait appel au dévouement de M. Nutein également vicaire de Sainte-Croix. Celui-ci se rendit aussitôt au désir de son Evêque, et devint de fait le premier curé de Saint-Pierre-le-Puellier, depuis la Révolution.

Sans attendre l'agrément de sa nomination par le roi Charles X agrément qui ne fut signé que le 28 novembre 1827, M. Nutein prit en main l'administration de la paroisse dès le 29 octobre 1827, et y rétablit le plein exercice du culte catholique. *(Archives de l'Evéché. — Registres paroissiaux. Premier registre de Saint-Pierre le-Puellier).*

bonté est demeurée proverbiale. A M. Nutein, décédé le 12 novembre 1850, succéda M. Robin, « un homme du bon Dieu, » comme disaient ses paroissiens. M. Barnault, prêtre d'une foi et d'une simplicité antiques remplaça M. Robin en 1866.

M. Lecompte compléta cette admirable série de saints prêtres et de pieux curés. Dès les premiers jours qui suivirent son installation, il se mit avec ardeur au courant de tout ce qui concernait sa nouvelle paroisse, afin de ne blesser personne en faisant des changements inopportuns ou trop précipités.

Lorsqu'il se fut rendu un compte exact de la situation, il se demanda d'abord s'il ne pourrait pas relever l'éclat des cérémonies ?

D'un côté, il trouvait pénible, après avoir été si longtemps attaché à la paroisse de Saint-Paul où les offices se célébraient toujours avec solennité, d'être réduit aux faibles ressources de la paroisse Saint-Pierre-le-Puellier. Il désirait des chants, de la musique, des cérémonies bien faites.

D'un autre côté, il avait la conviction que le peuple s'attache d'autant plus à son église que le culte s'y célèbre avec plus d'éclat et de dignité ! Or il voulait attirer son peuple à l'église.

Sous l'empire de ces deux sentiments il son-
gea à l'orphelinat de Nazareth fondé autrefois
par son ancien professeur, M. l'abbé Tabouret (1), et se demanda si dans les enfants de cet

(1) M. TABOURET, né à Loury le 17 novembre 1805,
ordonné prêtre le 5 juin 1830, fut nommé peu de temps
après Professeur au Petit-Séminaire d'Orléans.

Les classes de cinquième et de quatrième furent son
partage jusqu'en 1840, époque à laquelle il fut chargé
de l'Economat.

Tandis qu'il remplissait les fonctions de professeur et
d'économe, M. Tabouret, à l'âme ardente, au cœur généreux, se laissait aller aux inspirations de son zèle qui le
portait vers les œuvres catholiques.

De concert avec M. le Dr Lorraine et M. Benjamin
Rime, il fondait à Orléans, en 1840, la conférence de
Saint-Vincent-de-Paul. L'année suivante, sur ses instances, Saint-Vincent-de-Paul adoptait la Société de
Saint-Joseph que venait d'établir M. des Francs. Deux ans
plus tard, M. Tabouret réunissait les trois sections de
l'Œuvre de Saint-Joseph, apprentis, jeunes ouvriers et
hommes faits dans l'ancienne raffinerie Ravot, près
l'église Saint-Pierre-le-Puellier, immeuble que lui abandonnaient gracieusement les familles Ravot, Raguenet de
Saint-Albin et des Francs. Puis, à cette Œuvre de Saint-
Joseph, sur la demande de ses bienfaiteurs, il ajoutait un
orphelinat de garçons auquel il donna le nom de Notre-
Dame-de-Nazareth, et qui fut inauguré le 5 mars 1844.

Cet orphelinat eut, pendant quelque temps, deux suc-

orphelinat il ne pourrait pas trouver les éléments d'une maîtrise. Il alla donc trouver le
Frère Basilide, Directeur de la Maison de Nazareth, et lui exposa ses désirs. Le Frère Basilide qui ne savait pas refuser un service quand

cursales : l'une à Orléans, rue de la Mouillère; l'autre à
Mennetou, en Berri.

Pour encourager M. Tabouret dans ses œuvres de zèle,
Mgr Fayet le déchargea de ses fonctions d'Econome du
Petit-Séminaire. Il lui conféra le titre de Directeur de
l'Orphelinat de Nazareth, et lui permit de s'installer dans
la maison de ses chers enfants.

Tout en s'occupant de son orphelinat, M. Tabouret
trouva le moyen de fonder, en 1845, la Société de secours
mutuels de Saint-François-Xavier qui, de nos jours,
rend encore tant de services à la classe ouvrière d'Orléans.

En 1856, M. Tabouret cédait son orphelinat aux Frères
des Ecoles chrétiennes pour se retirer, à Paris, chez les
Pères de Norre-Dame de Sion avec lesquels il passa
trois années sous la conduite du R. P. de Ratisbonne.
Durant cet intervalle, son zèle ne se ralentit pas, et le
cercle des Francs-Bourgeois se rappelle avec bonheur le
temps où M. Tabouret fut son aumônier.

Mais, en 1859, M. Tabouret revint à Orléans pour y
remplir les fonctions de premier aumônier des hospices.
Il consacra les dix dernières années de sa vie à ce minis-
tère si méritoire, et s'endormit pieusement, dans le
Seigneur, le 3 octobre 1869. (*Archives de l'Evêché, et
Notes de M. des Francs*).

il s'agissait de la gloire de Dieu, accueillit fa-
vorablement les ouvertures de son nouveau
curé. Il se rendit volontiers à ses désirs, heureux de trouver l'occasion de faire une bonne
œuvre et de reconnaître le bien que M. Lecompte n'avait cessé de faire aux Ecoles des
Frères de Saint-Laurent et de Saint-Paul
durant son long ministère dans ces deux paroisses. Bientôt une maîtrise fut organisée; et
les enfants formés au chant et aux cérémonies.
Satisfait de cette innovation, M. Lecompte
nous disait : « mon Saint-Pierre va devenir
une petite cathédrale. »

Autant il avait eu de joie en créant cette
maîtrise, autant il eut de peine lorsque les
Frères transportèrent, en 1880, leur pension-
nat à Saint-Euverte et se virent contraints
d'abandonner leur orphelinat. « Mais, disait-il,
il nous faut des épreuves. Dieu veut sans doute
que je concentre uniquement mon affection
sur les enfants de ma paroisse. » De fait, ces
enfants lui suffirent dans la suite pour conserver les cérémonies dont il avait introduit
l'usage, grâce à ses conseils et à la direction
que surent leur imprimer MM. les vicaires qui
tour à tour le secondèrent dans ses œuvres
paroissiales.

En même temps qu'il relevait la dignité des

offices du dimanche et des fêtes, M. Lecompte
songeait aux réunions de piété qui entretien-
nent si bien la vie religieuse dans une paroisse.
Tout ce qui dépendait de lui pour leur imprimer du mouvement, de l'entrain, il le
tentait. Jamais ses autels n'étaient trop bien
décorés, jamais les fleurs n'étaient trop abondantes, jamais trop de lumières ne se consu-
maient devant le Très-Saint Sacrement ou la
statue de la Vierge Marie, jamais les chants
n'étaient trop beaux. Il voulait que le peuple
qui assistait à ces réunions, s'en retournât
joyeux et content. De fait, les paroissiens lui
rendaient justice et convenaient qu'il était dif-
ficile de célébrer de plus belles réunions à
Saint-Pierre.

Non content de cette dignité, de cette splendeur, dans ses offices et dans ses réunions de
piété, M. Lecompte voulut encore embellir la
maison du Seigneur.

M. Robin, un de ses prédécesseurs, grâce au
généreux concours de son vicaire M. Bruno de
Laage, avait restauré l'église en grande partie;
mais certains travaux restaient encore à accomplir. M. Lecompte s'en chargea. Il ren-
contra sans doute des âmes généreuses qui
vinrent à son secours. Néanmoins, avec les
sentiments de foi et de piété qui l'animaient,

il eut à cœur, de rendre à Dieu les biens qu'il en avait reçus, en les consacrant en partie à orner son temple.

Un jour, comme il nous faisait examiner le portail de la grande nef qu'il avait fait rétablir, nous le félicitâmes de trouver des ressources suffisantes pour de tels travaux ! « Oh ! nous dit-il, mon patrimoine m'a aidé ; il faut bien rendre à Dieu ce qu'il nous a donné. » Pareil aveu lui échappait une autre fois, à l'occasion des orgues.

Nous n'en fûmes pas surpris ; à Saint-Paul, il nous avait accoutumé à de pareilles générosités. Lorsqu'il s'agissait de certains embellissements pour la chapelle de Notre-Dame des Miracles, il les proposait toujours à M. le Curé avec cette formule : « J'ai les ressources nécessaires. » Nous ne nous y trompions point ; ces ressources étaient souvent le fruit de ses économies et de ses privations.

Si M. Lecompte aimait la beauté de la maison de Dieu ; s'il voulait que tout y fut digne et décent, il désirait surtout travailler au salut des âmes qui sont les temples vivants où le Seigneur aime à résider. Il continua à Saint-Pierre le ministère tel qu'il l'avait compris et pratiqué jusqu'alors, et, si pendant son vicariat de Saint-Paul, comme nous l'avons dit, il

réalisa dans toute sa vérité, la parole de l'a-
pôtre : *Ego autem libentissime impendam et
superimpendar ipse pro animabus vestris* : »
je me dévoue et me dévouerai toujours de plus
en plus pour le salut de vos âmes » ; on peut
affirmer sans crainte qu'à Saint-Pierre, il pra-
tiqua ce conseil dans toute sa perfection.

En effet, sa vie fut celle du dévouement le
plus complet, le plus absolu, avec cette diffé-
rence qu'à Saint-Pierre il agit non plus comme
vicaire, mais comme curé, et qu'il se crut
obligé, s'il était possible, de payer encore plus
de sa personne qu'il ne l'avait fait jusqu'alors.
Parfois, il nous arrivait, le voyant succomber
sous le fardeau, de lui dire : « Mais ne pourriez-
vous pas vous faire aider, prier M. votre vicaire
de vous remplacer ? » — « Oh ! répondait-il, mon
vicaire m'est tout dévoué ; il travaille autant
que ses forces le lui permettent ; mais il est
jeune, il faut le ménager, car l'Eglise a besoin
de bons prêtres. Pour moi, je me fais vieux ;
j'ai accompli ma carrière ; qu'importe que je
meure un peu plus tôt ou un peu plus tard ? »
Et il continuait de travailler avec un zèle incomparable.

Retracer les œuvres que son zèle lui inspira,
ce serait reprendre l'histoire du ministère de
Saint-Paul. Aussi pour ne pas nous exposer à

des répétitions, nous nous contenterons de signaler quelques traits qui nous semblent mériter une attention particulière.

A Saint-Pierre, M. Lecompte prêcha comme
il n'avait cessé de le faire à Saint-Paul. Cependant sa parole, quoique toujours écrite et ap-
prise de mémoire, prit quelque chose de plus
simple et de plus familier, de plus tendre et de
plus affectueux. Ses catéchismes étaient encore
plus paternels. On sentait un père au milieu
de ses enfants. Lui-même l'avouait volontiers,
en disant : « Mes enfants sont une population
à part ; il faut commencer par leur montrer
une grande affection. Quand ils m'aimeront,
j'en ferai ce que je désirerai. »

Qui pourra nous dire tous les moyens dont
il usa pour s'en faire aimer durant le cours de
son ministère à Saint-Pierre? Avec quelle joie,
en arrivant dans sa paroisse, il alla visiter ces
écoles de la rue de l'Université où la plupart
des jeunes garçons de la paroisse trouvaient
asile. Avec quelle affection, il engagea les
Frères à remplir héroïquement leurs fonctions,
à supporter patiemment toutes les difficultés
dont elles étaient la source ; à tirer de leurs
élèves le meilleur parti possible. « Vos enfants sont pauvres, leur disait-il, et privés
de toute jouissance ; l'écorce est peut-être

un peu rude, mais le cœur est toujours bon.
Ayez courage. »

Ainsi soutenus, fortifiés, les Frères ré-
pondaient au désir du vénérable curé et les
enfants de Saint-Pierre-le-Puellier aimés par
leurs maîtres si dévoués, montraient souvent
des qualités étonnantes.

Mais voici venir l'heure des tristesses.

A la séance du Conseil municipal, le
3 juin 1879, un membre de la Ligue de l'enseignement proposa l'agrandissement de l'École
laïque des garçons de la rue de la Charpenterie. Dans cette proposition inoffensive en
apparence. M. Lecompte pressentit un danger
pour l'Ecole des Frères de la rue de l'Université. Il crut, qu'on agrandissait la première école
afin d'attirer d'abord les élèves des Frères, et
se donner ensuite le droit de supprimer leurs
classes.

Dès lors il fut dans une inquiétude extrême
Sa peine redoubla, lorsque deux ans plus tard,
le 23 mai 1881, le maire d'Orléans, tout en dé-
clarant : « qu'il verrait avec regret la suppres-
sion complète de l'enseignement congréga-
niste dans les Ecoles de la Ville », proposa de
transférer l'Ecole laïque des garçons de la rue
de la Charpenterie, dans les locaux de l'École
des Frères de la rue de l'Université. Cette pro-

7

position accueillie par la majorité du Conseil,
ne tarda pas à se réaliser. Trois mois plus
tard, à la séance du 4 août 1881, l'École des
Frères de la rue de l'Université était définiti-
vement laïcisée. Quatre jours après, le 8 août,
les Frères faisaient leur dernière classe dans
une école que Mgr de Beauregard avait achetée
de concert avec la municipalité, et que de
concert avec elle il avait confiée aux Frères
des Écoles Chrétiennes.

Le vieil aumônier de l'École normale tres-
saillit de douleur, quand il vit ces maîtres tant
aimés de l'enfance, obligés de céder leurs
classes à des instituteurs chez lesquels il n'aurait plus le droit de donner ou de faire donner
l'instruction religieuse. Il adressa ses enfants
en aussi grand nombre que possible à l'ancienne école de Saint-Bonose tant qu'elle
subsista. Puis, lorsque la municipalité eut
repris aux Frères ce second immeuble, M. Lecompte s'unit aux catholiques de la ville, et
vint, dans la mesure de ses forces et de ses
ressources, au secours des Frères des Écoles
Chrétiennes. Il contribua à fonder rue Bour-
gogne le groupe scolaire qui a repris le nom
de Saint-Bonose et sert d'école de quartier
aux paroisses de Sainte-Croix, de Saint-
Aignan, de Saint-Pierre-le-Puellier et de

Saint-Donatien. Jusqu'à sa mort il concourut à une partie de son entretien. Mais un regret amer déchirait son cœur. « Pourquoi, s'écriait-il, tous mes enfants ne peuvent-ils fréquenter l'école de Saint-Bonose ? »

Cependant, malgré la douleur qui l'oppressait, le cœur du Père ne tardait pas à se trahir, et il ajoutait : « les enfants ne vont pas d'euxmêmes à l'école laïque ; elle leur est imposée. On ne doit donc pas les rendre responsables de ce fait. C'est à nous de tirer de la situation le meilleur parti possible, et malgré les difficultés, de nous efforcer de faire du bien aux enfants. » Aussi, il conjurait son vicaire chargé du catéchisme des garçons, de leur témoigner toujours plus d'intérêt, plus d'affection, plus de dévouement encore que par le passé. Luimême ne laissait échapper aucune occasion de leur faire du bien, afin de leur apprendre, par ses actes, que le prêtre est le véritable ami du peuple.

Non seulement M. Lecompte s'occupait des jeunes garçons de la paroisse, mais il prenait un soin tout spécial des classes que dirigeaient les Filles de la Sagesse.

Sa joie avait été grande, en retrouvant à Saint-Pierre, les religieuses dont il avait été l'aumônier pendant toute la durée de son mi-

nistère à Saint-Paul ; il savait, en effet, qu'il pouvait, sans crainte, faire appel à leur esprit d'abnégation et de sacrifice, en faveur des enfants confiées à leur sollicitude.

De leur côté, les religieuses se réjouissaient de posséder comme curé, un prêtre, que la voix du peuple, canonisait presque de son vivant. Elles se firent donc ses auxiliaires les plus généreuses.

M. Lecompte visita les classes, encouragea les enfants, stimula leur ardeur, récompensa leur travail. La paroisse sut bientôt tout l'intérêt que son nouveau curé portait aux classes des sœurs, et bénit Dieu du bien qu'il opérait parmi leurs enfants.

En même temps, M. Lecompte protégeait l'ouvroir où, les Filles de la Sagesse recevaient des jeunes filles, en leur assurant une éducation sérieuse et un asile jusqu'à leur majorité. Tandis que les Sœurs formaient ces enfants aux travaux de l'aiguille et du ménage, M. Lecompte les initiait à la vie chrétienne, soit dans les catéchismes de persévérance, soit dans les réunions de piété. Il profitait de tous les moyens, qu'il pouvait mettre en œuvre, pour éclairer leur foi, et les fortifier dans la vertu.

Tout en s'occupant de l'âme de ces enfants,

M. Lecompte ne négligeait pas leur bien-être
temporel.

Au moment, où il prit possession de sa cure,
les bâtiments de l'ouvroir se composaient de
misérables masures en façade sur la place
Saint-Pierre. Ces masures étaient petites,
étroites, l'air y circulait à peine. Les enfants
comme les maîtresses souffraient de cette situation, mais on était sans ressource.

Se confiant à la Providence, M. Lecompte
acheta une maison voisine qui devait permettre quelques agrandissements nécessaires.
Comme il n'était pas assez riche pour solder le
prix de cette maison, il eut recours à un em-
prunt. On lui prêta 3.500 francs dont il versa
régulièrement les intérêts pendant plusieurs
années. Un jour, où il soldait ces intérêts,
son prêteur lui demande tout à coup s'il ne
songe pas à rembourser le capital? « Cela ne
me serait pas possible », répond M. Lecompte.
« Cependant, reprit le prêteur, je réclame mon
capital », et en disant ces mots, il congédie
brusquement le vénérable curé.

Grande fut la peine de M. Lecompte. Tout
ému, il raconte le fait à une personne de confiance. Le lendemain cette personne le prie de
passer chez elle. « Ne vous contristez pas,
M. le Curé, lui dit-elle en ouvrant une bourse ;

voici ce qui acquittera votre dette. » En même temps elle compte 3.500 francs en or, et ajoute: « Prenez et allez payer votre créancier ». A la vue de M. Lecompte et de l'or qu'il lui apporte, le prêteur comprend ses torts, se confond en excuses. Mais M. Lecompte l'interrompt en disant : « La Providence est bonne; elle n'oublie jamais celui qui met en elle sa confiance. »

Cependant cette maison, premier agrandissement de l'ouvroir, ne suffisait plus, à cause de l'importance que prenait l'établissement. De nouvelles constructions devenaient nécessaires. Pour les obtenir, M. Lecompte fit des tentatives de toute sorte et des démarches sans nombre. Malgré son activité, ce fut seulement la dernière année de sa vie, qu'il vit ses classes et son ouvroir installés dans des conditions aussi convenables que possible, et leur avenir assuré.

Peut-être, nous sommes-nous étendu trop longuement sur ces faits. Mais ces développements nous semblaient nécessaires pour faire ressortir l'affection de M. Lecompte envers les enfants de sa paroisse.

Nous allons ajouter maintenant quelques lignes sur son ministère au confessionnal et près des malades avant de parler de sa charité.

A Saint-Pierre son confessionnal fut assiégé. Ses paroissiens s'empressèrent de se ranger sous sa conduite. Puis un nombre considérable de pénitents qu'il dirigeait étant vicaire de Saint-Paul, sollicitèrent la faveur de s'adresser encore à lui. Dans ces demandes réitérées, il crut voir l'expression de la volonté de Dieu, et il acquiesça à leurs désirs. Comme on lui faisait remarquer que ces confessions nombreuses absorbaient son temps, il répondait : « Puis-je mieux employer mon temps qu'à conserver ou gagner des âmes à Dieu ? »

D'ailleurs, Dieu bénissait la direction du curé de Saint-Pierre comme il avait béni celle du vicaire de Saint-Paul, et récompensait son zèle par des merveilles étonnantes.

Grâce à cette direction, que d'âmes ont persévéré, ou se sont élevées au plus haut degré de la perfection ! Que d'âmes sont revenues sincèrement à Dieu !

M. Lecompte avait le don de faire accomplir tous les sacrifices quelque durs qu'ils fussent : on se réconciliait avec ses ennemis ; on restituait le bien mal acquis, et parfois il s'agissait de valeurs considérables. Nous avons connu des familles dans la misère, qui avaient retrouvé une modeste aisance, grâce à certaines sommes que M. Lecompte leur avait fait recouvrer.

Deux fois nous lui servîmes d'intermédiaire
pour faire parvenir ces restitutions à leurs
légitimes possesseurs. Une première fois il
s'agissait de nombreux titres de rente au por-
teur ; une seconde fois d'une somme de huit
mille francs.

Nous citons ces faits arrivés à notre connaissance ; mais combien demeurent ensevelis
dans le secret et seront la gloire de M. Lecompte, lorsqu'au jour de sa justice, Dieu révé-
lera les œuvres accomplies par son fidèle serviteur.

Quant au ministère de M. Lecompte auprès
des malades pendant le temps qu'il occupa la
cure de Saint-Pierre, on peut s'en faire une
idée en se rappelant le tableau que nous tra-
cions de cette partie de son ministère durant
son vicariat de Saint-Paul.

Le travail était incessant. De toute part on
réclamait son assistance. Les pieux fidèles
mouraient plus tranquilles si M. Lecompte se
trouvait près d'eux à leur dernière heure, et
les pécheurs même les plus endurcis ne pouvaient se refuser à ses pressantes instances.
Que de fois nous avons entendu cette excla-
mation : « Grâce à ce bon M. Lecompte, notre
malade a reçu les derniers sacrements ; sans
lui, il était perdu pour son éternité ! » Que de

fois nous avons loué Dieu en écoutant le récit
des pieuses industries que son zèle mettait en
œuvre pour arriver à se faire accepter par les
malades les plus récalcitrants !

Dans la dernière visite qu'il nous rendit,
la conversation vint à tomber sur les devoirs
du prêtre auprès des malades. Il nous avoua
ce jour-là que, pendant les dix-neuf années
de son ministère à Saint-Pierre-le-Puellier,
pas un seul des malades de sa paroisse n'était
mort sans les sacrements. Cet aveu suffit à
lui seul, pour peindre l'action de M. Lecompte,
auprès des malades et justifier le titre : « d'Ange
consolateur », sous lequel on se plaisait à le
désigner.

Mais ce qui fit aimer surtout M. Lecompte,
ce fut son inépuisable charité.

Toute sa vie il avait aimé les pauvres. Enfant, dans la boulangerie de son père, il réclamait sans cesse du pain pour les pauvres, et se
faisait un bonheur de le leur distribuer de ses
propres mains. Jeune homme, il aimait à donner aux pauvres le peu d'argent qu'on mettait
à sa disposition. Il se privait avec délices, des
satisfactions légitimes qu'il aurait pu se procurer, afin de faire une aumône. Devenu prêtre,
il crut qu'il ne répondrait pas à sa vocation, s'il
ne donnait pas aux pauvres tout ce qui serait

en son pouvoir. Tant qu'il vécut avec sa mère
et sa sœur, il respecta leur patrimoine. Mais
que de fois, il les exhorta à l'aumône ! « Don-
nons aux pauvres, leur disait-il, ne nous las-
sons pas de faire du bien, le bon Dieu nous le
rendra au centuple. » Et sa mère et sa
sœur lui abandonnaient volontiers, pour les
pauvres, l'argent qui leur restait après avoir
acquitté les modestes dépenses de la maison.

A mesure que M. Lecompte avança dans la
vie, l'amour des pauvres grandit en lui. Cet
amour devint comme une véritable passion.
Dans les pauvres, il ne voyait que Jésus-Christ,
et il voulait aimer Jésus-Christ sans mesure. A
Saint-Paul, où nous avons commencé à le connaître et à l'apprécier plus particulièrement,
les pauvres se pressaient autour de lui. Ils
venaient le trouver à l'église, à sa chambre,
l'abordaient le long du chemin ; et lui, toujours
gracieux, leur abandonnait tout ce qu'il avait,
jusqu'à sa dernière pièce de monnaie. Son
cœur se fendait quand il était obligé d'avouer
qu'il ne possédait plus rien.

M. Lecompte ne donnait pas seulement aux
pauvres qui réclamaient son assistance ; il donnait encore et surtout aux pauvres honteux ; il
se mettait en quête pour leur procurer des
secours! Lui, si timide, qui n'aurait jamais osé

rien demander pour lui, devenait hardi, élo-
quent quand il s'agissait de plaider la cause de
ses pauvres!

Dieu permit qu'il rencontrât des cœurs com-
patissants. Nous avons connu des personnes
généreuses qui, se plurent à mettre à sa disposition d'abondantes ressources : « Faites
l'aumône, lui disait une excellente dame en
lui donnant un rouleau de louis d'or; mais
demandez à Dieu la conversion de mon fils. »
— « Faites l'aumône, lui disait une sainte demoiselle en lui remettant une liasse de billets
de banque et priez Dieu, afin que, je sois un
jour, à côté du pauvre Lazare. » Il acceptait,
promettait de prier et de faire prier. Dieu
exauçait ses prières. Le fils égaré revenait à
ses devoirs, et la charitable demoiselle mourait
dans les sentiments d'une prédestinée.

Cependant à Saint-Pierre-le-Puellier, la charité de M. Lecompte ne connut plus de bornes.
Tout en accueillant les nombreux pauvres de
sa paroisse comme ses enfants de prédilection,
il ne voulut pas congédier ceux qui lui venaient
de Saint-Paul ou des autres paroisses de la
ville. Son presbytère devint comme le rendez-
vous des pauvres, en sorte qu'on eût pu répondre à quiconque cherchait la maison de M. Lecompte, ce qu'on répondait autrefois à ceux

qui demandaient où demeurait saint Eloi :
« Vous le trouverez, là où vous rencontrerez
un nombreux concours de pauvres » (I).

Chaque matin, les pauvres l'attendaient à la
sortie de son confessionnal, et quand il se
rendait à sa demeure, ils se plaçaient sur deux
lignes. Chacun entrait alors à son tour dans la
chambre du bon curé pour lui exposer ses besoins, et n'en sortait qu'avec le secours sollicité.

Non seulement il recevait les pauvres chez
lui, mais il allait les visiter dans leurs demeures,
s'introduisait jusque dans les plus misérables
réduits, afin de se rendre compte de leurs
besoins. Il suppliait la sœur chargée des
pauvres de la paroisse, de lui signaler ceux
qu'il ne connaissait pas, car il tenait à soulager
toutes les misères, à venir au secours de toutes
les infortunes. « Ah ! disait-il souvent, si un
pauvre manquait de secours par ma faute, je
ne m'en consolerais jamais. »

On se demande comment il pouvait suffire à
de telles aumônes? La réponse est facile. Il
donna d'abord tout ce qu'il possédait. Puis,

---

(1) *Tantus ad eum concursus pauperum, ut quærenti
domum Eligii, diceretur : Ubi pauperum cœtum conspexeris,
illic et Eligium reperies.* (Leçon de saint Eloi. *Ex officiis
propriis diœc. Aurel.* 1er déc.).

quand Dieu eut appelé à lui sa mère et sa
sœur (1) et que le patrimoine de famille lui fut
échu en héritage, il consacra tous ses revenus
au soulagement des pauvres. Les revenus ne
suffisant pas, il vendit chaque année une partie
soit de ses maisons, soit de ses terres, soit de
ses valeurs, afin de se procurer des ressources
plus abondantes. Un jour cependant arriva où
il ne resta plus rien de son patrimoine, il avait
absolument tout donné aux pauvres et réalisé
dans sa plénitude cette parole du Sauveur :
« Vendez tout ce que vous possédez et donnez
aux pauvres » (2). Il n'en continua pas moins
ses aumones.

Pour satisfaire à ce besoin irrésistible de
faire du bien, il s'imposa les plus dures privations; se réduisit aux dépenses les plus
strictes, se contenta de misérables vêtements;
il escompta même son modeste mobilier,
espérant qu'après sa mort, on trouverait dans
ses débris, ce qui serait nécessaire pour éteindre
les dettes qu'il contractait, afin de pouvoir
donner aux pauvres. Ses amis tinrent à prou-
ver qu'il ne s'était pas trompé.

(1) La mère de M. Lecompte décéda le 5 avril 1872 ;
et sa sœur le 9 mars 1878.

(2) *Omnia quæcumque habes vende et da pauperibus.*
(Luc XVIII. 22).

Mais la Providence ne se laissait pas vaincre en générosité. A ce prêtre si charitable, elle procurait, dans la paroisse de Saint-Pierre-le-Puellier, comme dans celle de Saint-Paul, des ressources extraordinaires, presque miraculeuses.

Que de fois, au moment où il cherchait vainement un peu d'argent dans ses tiroirs complètement vides, Dieu lui envoyait un secours inopiné!

Au mois de mai 1891, lui rendant visite, nous le trouvons préoccupé! « Je dois, nous disait-il, acquitter demain une note de quatre cents francs, et je n'ai pas le premier centime; mais la Providence qui ne m'a jamais abandonné, viendra, je l'espère, à mon aide. » — « Vous avez raison, lui répondions-nous. En voici la preuve. » Tout en lui parlant, nous déposions entre ses mains une somme de mille francs que, dans la soirée même, une pieuse veuve nous avait chargé de lui transmettre! « Oh! que la Providence est bonne, nous dit-il, en recevant cette aumône! Que Dieu bénisse nos bienfaiteurs! Vous en connaissez plusieurs. Vous connaissez surtout notre Evêque qui n'oublie pas son pauvre curé de Saint-Pierre-le-Puellier et ses pauvres paroissiens. »

Quand M. Lecompte recevait ces secours pro-
videntiels, sa joie était grande. Il donnait, donnait encore, jusqu'à épuisement. Il aurait donné
tous les trésors de la terre, si on les eut mis à
sa disposition.

En face de ces prodigalités d'aumônes, en
face de cet amour des pauvres que le monde
peut appeler la folie de la charité, comme les
Gentils appelaient : folie, l'amour de saint Paul
pour Jésus-Christ crucifié (1), nous avons entendu adresser certains reproches à M. Lecompte. Ces reproches lui étaient pénibles !
« Faire le bien, disait-il, et être blâmé ! » Mais
il ajoutait aussitôt : « Je donne à Dieu, en
donnant aux pauvres. Dieu connaît mes inten-
tions, cela suffit. Les blâmes sont une petite
croix, acceptons-les. » Cependant il tenait à
justifier ses pauvres.

« Ne sont-ils pas assez malheureux d'être
pauvres, s'écriait-il ? Veut-on les empêcher de
demander l'aumône ? »

« Si nous étions pauvres nous-mêmes, ne
serions-nous pas heureux qu'on vint à notre
secours ? Nous plaindrions-nous si l'aumône
était un peu plus abondante ? »

(1) *Nos autem prædicamus Christum crucifixum : Ju-
dæis quidem scandalum, gentibus autem stultitiam* (I, Cor.,
ɪ 23.)

« Je donne à tort et à travers, dit-on, je ne prends pas de renseignements ! Mais donner promptement n'est-ce pas doubler son aumône ? Pendant le temps que j'irais aux renseignements, le vrai pauvre pourrait souffrir. Je ne veux pas lui faire attendre son aumône. »

« On prétend encore, ajoutait-il, que le pauvre parfois abuse de ma bonté ! Que je sois victime ! Soit ! Le mal n'est pas bien grand, soyez-en sûr ».

Et toujours il excusait ses pauvres, « les vrais enfants du Bon Dieu, » comme il aimait à les appeler.

S'il arrivait que convaincu du délit de l'un d'eux, il lui faisait quelques monitions, il mettait tant de douceur dans sa réprimande que le pauvre ne s'en formalisait jamais, et qu'il s'en allait, en disant : « Quel bon M. Lecompte ! »

Témoin de la conduite de M. Lecompte à l'égard des pauvres, et des pauvres vis-à-vis de M. Lecompte, nous aurions pu émailler ce récit de certains faits qui eussent provoqué le sourire de nos lecteurs. Nous aurions pu raconter comment Philémon et Baucis, deux vieillards qui ne sont plus, mangeaient des gâteaux avec l'argent de M. Lecompte ; comment la monnaie des pièces d'or envoyées au changeur par la main des pauvres, ne revenait

jamais au presbytère; comment des habits de
noces furent payés, et jamais achetés; comment on empruntait, avec promesse de les
rembourser, des billets de cent francs qu'on
ne devait jamais rendre. Mais nous aurions eu
crainte que M. Lecompte ne se levât de sa
tombe pour nous reprocher nos indiscrétions
et nous imposer silence.

Cependant nous ne terminerons pas ce qui
regarde sa charité sans rapporter des faits, qui
prouvent, jusqu'à quel point il aimait les pauvres, et se privait pour eux de toute satisfac-
tion, même la plus légitime.

Un personnage de notre ville tombe grave-
ment malade à Paris où ses affaires l'avaient
appelé. Sa famille éplorée désire lui faire recevoir les derniers sacrements; mais elle sait
que M. Lecompte peut seul aborder le malade. Elle vient donc le prier en grâce de faire
le voyage de Paris. M. Lecompte accepte, part
immédiatement, arrive à Paris au milieu de la
nuit, voit son malade, le réconcilie avec Dieu,
et quand les sacrements lui sont administrés,
il retourne aussitôt au chemin de fer; prend
le premier train pour Orléans et arrive dire sa
messe à Saint-Pierre.

« Mais pourquoi n'êtes-vous pas resté à Paris?
Pourquoi n'avez-vous pas pris quelques jours de

repos ? » lui dit-on. — « Je n'aurais pas vu mes pauvres, et j'aurais dépensé un argent qui leur rendra plus de service qu'aux maîtres d'hôtel de Paris. » Que répondre à un tel langage ? Sinon admirer.

Citons encore ce fait : à l'occasion de la Fête-Dieu on lui avait offert un magnifique rochet. Il s'en revêtit, par condescendance, mais sans faire attention à sa beauté et à sa valeur. Un de ses amis le rencontre allant à la procession générale, admire son rochet, et lui dit en souriant : « Mon ami, je ne vous ai jamais vu si beau ; vous avez un rochet d'évêque. » Une flèche aiguë transperçant le cœur de M. Lecompte ne lui eût pas causé blessure plus cruelle que cette parole pourtant si innocente de son ami. Elle est pour lui, un reproche sanglant qui, le couvre de confusion. « Comment, se dit-il, je porterais un beau rochet, tandis que les pauvres manquent de pain, cela ne se peut. » Rentré chez lui, il déclare que jamais à l'avenir il ne se revêtira d'un tel rochet. Quelques jours après, on le surprenait, offrant son rochet à un vénérable chanoine, dans l'espérance d'en recevoir des secours pour ses pauvres, et on parvenait avec peine à le faire renoncer à son projet.

Dans une autre circonstance, il reçut un

ostensoir. Comme celui que son église possédait était convenable. « Quel dommage, s'écrie-t-il qu'on ne m'ait pas consulté! Je n'avais pas besoin d'un riche ostensoir! J'aurais demandé pour mes pauvres l'argent qu'il a coûté! Quel bien j'aurais pu leur procurer ! Mais si mes pauvres ne peuvent se contenter des secours que je leur donne, l'ostensoir retournera chez l'orfèvre. Ne lit-on pas dans la vie des saints que plusieurs d'entre eux vendirent les vases sacrés de leur église pour secourir les pauvres? Où serait le mal, si j'agissais comme eux ? » Cependant il tenait à ce que tous les vases sacrés fussent dignes du service auquel ils étaient destinés.

Mais chez M. Lecompte l'amour des pauvres l'emportait par dessus tout. Ne nous en étonnons pas, car en aimant les pauvres, c'était Jésus Christ qu'il aimait en eux, c'était le Dieu auquel il avait voué sa vie, surtout depuis le jour où il était entré dans l'état ecclésiastique.

En parlant du zèle que M. Lecompte déployait pour relever les cérémonies du culte divin ; de son dévouement à l'enfance, de son assiduité au confessionnal ; de sa charité à l'égard des malades ; de son amour pour les pauvres, nous avons raconté sa vie dans la paroisse de Saint-Pierre-le-Puellier. En effet,

pendant les dix-neuf ans qu'il en fût le curé,
ces divers devoirs se partagèrent exclusive-
ment son temps. A quelque heure du jour
qu'on le réclamât, en était sûr de le rencontrer
au poste. Jamais il ne se permettait aucune
jouissance ; mais, soldat intrépide, il était toujours sur la brèche, nous disant en souriant :
« Il faut travailler sur la terre, si l'on veut se
reposer au Ciel. »

Le ciel, c'était le but qu'il ne cessait de montrer aux âmes dont il acceptait la direction ;
c'était le but qu'il se proposait continuellement
à lui-même au milieu de ses travaux, malgré
des inquiétudes sans cesse renaissantes, des
scrupules sans fin et des tentations sans nombre
dont il fut toujours tourmenté.

Toute sa vie, en effet, M. Lecompte dut
lutter contre ces peines intérieures qu'il connût
dès son enfance, comme nous l'avons déjà dit,
et qui ne lui laissèrent ni repos, ni trève, jusqu'à sa dernière heure.

Ceci peut surprendre, surtout quand on a
connu la fidélité de M. Lecompte à ses exercices de piété, son amour ardent pour Notre-
Seigneur dans l'Eucharistie, sa tendre dévotion
envers la Très Sainte Vierge. On se demande
comment Dieu pouvait permettre que la tentation vînt assaillir ce prêtre si vénérable,

dont la vue seule inspirait le respect, et dont
on disait, quand il était agenouillé devant le
tabernacle, ou montait à l'autel pour y célébrer la messe : « Voici le Saint qui va s'entre-
tenir avec Notre Seigneur. » Cependant, il en
fut réellement ainsi.

Jamais M. Lecompte ne goûta de repos,
jamais son âme ne fut complètement tranquille. Il se croyait toujours en retard vis-à-vis
de Dieu ! Il craignait de ne pas s'acquitter,
comme il le devait, des fonctions de son ministère. Il se demandait comment Dieu jugerait
sa vie. Lui, si indulgent, si large à l'égard des
autres, ne se pardonnait rien, et s'exagérait
ces quelques misères inhérentes à la nature
humaine et dont nous souffrons tous. Que de
fois nous avons saisi un geste de douleur, une
sorte de frémissement, une contraction mus-
culaire que lui arrachait la tentation ! Que de
fois nous l'avons surpris traçant sur son cœur
de nombreux signes de croix pour protester à
Dieu de son amour ! Que de fois nous avons
recueilli sur ses lèvres cette injonction : « Va-
t'en, Satan », qu'il prononçait de telle manière
que ceux qui ne le connaissaient pas intime-
ment croyaient entendre un soupir arraché
par la douleur !

Dieu voulait éprouver son vaillant et fidèle

serviteur, qui le servait comme l'Apôtre avec une grande patience au milieu des tribulations, des épreuves, et des afflictions ! (1) Dieu voulait qu'il ne connut pas les joies et les consolations de la terre, afin de l'inonder d'un plus grand bonheur, lorsque viendrait l'heure de la récompense.

Cette heure ne devait pas tarder.

Depuis quelques années nous remarquions en lui un certain affaiblissement, un dépérissement de ses forces.

Ce fut à l'église Saint-Paul, le 8 septembre 1883 que nous en découvrîmes les premiers symptômes. Ce jour-là, Son Excellence le Nonce Apostolique Mgr di Rende présidait le salut solennel de l'Archiconfrérie. A cette occasion, M. Vigoureux, curé de Saint-Paul, tant pour plaire au Nonce (2), que pour être

---

(1) *In omnibus exhibeamus nosmetipsos sicut Dei ministros, in multâ patientiâ, in tribulationibus, in necessitatibus, in angustiis.* (II Cor. vi. 4).

(2) Les parents du Nonce, M. le marquis et Mᵐᵉ la marquise di Rende étaient attachés à la cour du roi François II. Lorsque Victor Emmanuel se fut emparé de la ville de Naples, capitale de François II, et de son royaume des deux Siciles, M. le marquis di Rende se réfugia en France avec sa famille et vint se fixer à Orléans, sur la paroisse de Saint-Paul. Le Nonce était alors

agréable à la paroisse, avait prié M. Lecompte
de se charger de la prédication. M. Lecompte
se rendit à l'invitation pour donner une preuve
de l'affection qu'il conservait à l'Archiconfrérie
dont il avait été si longtemps le Directeur. Tout
l'auditoire se réjouissait de l'entendre. La
composition du discours était parfaite (1) ;
mais l'orateur était sans voix. Ce fut une dé-
ception, qui se traduisit par des sentiments
d'une tendre compassion à l'égard de M. Lecompte.

Pour nous, nous comprimes ce jour-là que
chez M. Lecompte les forces étaient usées, et
que désormais sa santé irait toujours en décli-
nant. De fait nous ne nous trompions pas ; néanmoins, nous comptions sans son énergie. Plus

un tout jeune enfant, et sa mère le conduisait quelquefois,
chez M. Lecompte qu'elle avait en singulière estime. C'est
en raison de ces souvenirs que M. Vigoureux invita M. Lecompte à prêcher devant Son Excellence.

(1) Voici le plan de ce discours conservé dans les Archives de Saint-Paul : Le berceau de Marie réunit toutes
les gloires et toutes les espérances. 1° *Toutes les gloires*.
Elle a été annoncée par les prophètes ; le sang des rois
coule dans ses veines ; les alliances sacerdotales les plus
hautes illustrent sa famille : 2° *Toutes les espérances*.
Elle naît pour être la mère de Dieu, la mère des hommes.
De là, joie, espérance, confiance.

ses forces le trahissaient, plus sa volonté devenait de fer et le soutenait dans la lutte. Nous
n'étions pas seuls à le constater. Monseigneur
Coullié qui le voyait épuisé, lui proposa un canonicat. En 1890 Sa Grandeur renouvela sa proposition. M. Lecompte déclina la seconde dé-
marche comme il avait décliné la première.
« Monseigneur, dit-il, je suis touché de votre
bienveillance; disposez du canonicat, je n'en
éprouverai aucune peine. Je préfère rester
dans ma cure où je voudrais mourir les armes
à la main. » Comment se refuser à un tel désir ?
Aussi Monseigneur laissa M. Lecompte à Saint-
Pierre, à ses pénitents et à ses pauvres.

Cependant il le suivait avec une certaine
anxiété. A chaque visite, il constatait que sa
santé s'ébranlait, et que ses facultés faiblis-
saient.

Aussi, le jour arriva où M. Lecompte, malgré
toute son énergie dût céder à la force du mal.

Ce fut le jeudi 26 novembre 1891.

Tandis qu'il était au confessionnal, il tombe
tout à coup, et perd connaissance. On accourt
près de lui. Transporté dans son presbytère, il
recouvre peu à peu ses sens. On le maintient
au lit à grande peine dans la soirée et les deux
jours suivants. Mais le 29 novembre, 1ᵉʳ dimanche de l'Avent, il se lève de bonne heure,

et se déclare assez fort pour dire la messe. De
fait, il se rend à l'église, se prépare à la messe
et monte à l'autel où il célèbre le Saint Sacrifice avec une piété angélique. Son vicaire qui
l'assistait, les fidèles qui entouraient l'autel, se
demandaient s'ils avaient réellement devant
eux le malade, qui, depuis trois jours leur
inspirait tant d'inquiétude? C'était bien lui.
Hélas il disait sa dernière messe, et faisait sa
dernière communion.

Le jeudi 3 décembre il écrivait à Monseigneur
et lui donnait sa démission de curé de Saint-
Pierre-le-Puellier, et Monseigneur répondait
à cette démission par une nomination de chanoine à la Cathédrale. Cette nomination resta
sans effet, puisque M. Lecompte ne put prendre
possession de son canonicat.

En même temps que le corps dépérissait,
l'intelligence s'obscurcissait. Le physique et
le moral étaient attaqués à la fois.

Cependant le docteur Chaignot qui le visitait et le soignait avec le plus affectueux intérêt, se demanda si, en arrachant son malade
du milieu dans lequel il se trouvait, si en le
dégageant de toute préoccupation et en lui
procurant une maison de retraite où il rece-
vrait tous les soins que réclamait sa santé, on
ne pourrait pas espérer une amélioration? Il

lui semblait qu'on devait tenter tous les moyens de salut. Pour entrer dans ses vues, nous fûmes chargé de solliciter l'admission de M. Lecompte dans la maison du Bon-Sauveur à Caen ! Là il fut reçu et traité avec tous les égards que la charité la plus tendre et la plus ingénieuse peut inspirer. Aumôniers, religieuses, médecins prodiguèrent au vénérable malade les soins les plus attentifs et les plus diligents. Tout fut inutile. Il ne put ni réparer ses forces physiques ; ni recouvrer ses facultés. De temps à autre on apercevait quelques lueurs de raison. Elles ressemblaient à un éclair qui paraît et disparaît aussitôt. Cependant au milieu de son délire, M. Lecompte ne cessait de prononcer les noms de son évêque et de quelques amis. Il parlait des enfants de sa paroisse, des pauvres, de leurs souffrances. Il refusa même plusieurs fois de prendre son repas en disant : « Il faut économiser pour mes pauvres. Je les aime tant (1). » C'étaient les derniers échos de cette vie toute de charité que Dieu, nous l'espérons, allait bientôt couronner.

En effet, vers la fin de mars 1892, le médecin

(1) Lettre de la Révérende mère Beaufils, supérieure du Bon-Sauveur de Caen.

déclara que le cher malade ne tarderait pas à quitter cette terre. On redoubla de vigilance, afin de saisir un instant de connaissance pour lui administrer les derniers sacrements. Un de MM. les Aumôniers du Bon-Sauveur, dont nous ne saurions trop louer la charité, le visitait constamment pour épier cet instant. Dieu permit que sa sollicitude fut récompensée. M. Lecompte put se confesser, recevoir l'Extrême-Onction dans les plus saintes dispositions, et s'unir à toutes les prières. « Puis, suivant les expressions de la Révérende Mère Supérieure, peu de temps après, sans agonie, il passait doucement de l'exil à la céleste patrie (1). »

Le 30 mars deux télégrammes arrivaient à Orléans, annonçant la mort de M. Lecompte.

En apprenant cette nouvelle, les paroissiens de Saint-Pierre-le-Puellier, de Saint-Paul, et de nombreux fidèles d'Orléans, témoignèrent leur douleur et leurs regrets. Se faisant l'interprète des sentiments de la ville entière, la presse locale, dans des articles empreints d'une pieuse délicatesse, esquissait à grands traits la vie de M. Lecompte et demandait que le corps

(1) Lettre de la Révérende mère Beaufils, supérieure du Bon-Sauveur de Caen.

du vénéré défunt fût ramené à Orléans (1).

Mais Mgr Coullié avait prévenu ce légitime désir. Sitôt qu'il connut le décès de M. Lecompte, il télégraphia au Bon-Sauveur de Caen, suppliant la Sœur supérieure de prendre toutes les dispositions nécessaires pour que la dépouille mortelle de M. Lecompte, fut rendue à sa ville natale. En même temps, il faisait prier son successeur dans la cure de Saint-Pierre, de préparer au cher défunt des obsèques dignes lui.

M. l'abbé Huot répondit aux vœux de Sa Grandeur. Les obsèques furent célébrées avec une pompe et une dignité extraordinaires ; et nous pouvons ajouter, en empruntant l'expression de nos *Annales religieuses*, que « la cérémonie funèbre devint une touchante manifestation de religieuse et filiale piété (2). »

Le samedi 2 avril, à 10 heures du matin, un nombreux clergé se rendait à la gare d'Orléans pour y recevoir le corps de M. Lecompte et le conduire solennellement à l'église de Saint-

(1) Voir le *Journal du Loiret* et le *Patriote orléanais*, du jeudi 31 mars 1892 ; les *Annales religieuses* du 2 avril 1892.

(2) *Annales religieuses* du diocèse d'Orléans, 9 avril 1892.

Pierre-le-Puellier. Le clergé était précédé
d'un long cortège que formaient les enfants
des écoles, les élèves de l'ouvroir des Filles de
la Sagesse, et les jeunes filles de la persévérance portant leurs bannières voilées de noir.

Derrière le cercueil suivaient : la famille, des
prêtres, des amis. Tout le long du parcours
une population attristée, recueillie, non seulement se signait devant le cercueil, mais s'age-
nouillait comme devant le passage de reliques
sacrées. Nous entendîmes souvent ces exclamations : « C'est un saint. » — « Il est bien
sûr au ciel. » — « Mon bon M. Lecompte, priez
pour nous ; au ciel ne nous abandonnez pas. »

Parfois la note changeait, mais elle était encore une louange. « Quel beau corbillard !
Ce n'est pas trop pour lui ! Un si digne curé !
— C'est bien de l'honorer après sa mort, lui
qui ne voulait aucun honneur pendant sa
vie ! — Ah s'il pouvait parler, il nous dirait
certainement : « Mes enfants, le corbillard
des pauvres, c'est assez pour moi. » — « Don-
nez-moi pour mes pauvres l'argent que vous
économiserez par ce changement. » Était-il
charitable, ce cher homme du bon Dieu ! Il
a tout donné : il ne lui est rien resté : il
était devenu le plus pauvre des pauvres de
sa paroisse. »

C'est au milieu de ces marques de respect, de vénération, de ces exclamations que le cortège funèbre arrive à l'église de Saint-Pierre-le-Puellier, tendue à l'intérieur de draperies noires, et déjà remplie par une foule considérable !

Mgr l'Evêque d'Orléans était là ! Pour la première fois, il assistait à une cérémonie, depuis la longue et douloureuse maladie qui durant trois mois, ne lui avait pas permis de remplir aucune fonction pontificale. Mais il tenait à honneur de donner à son prêtre fidèle entre tous, un témoignage de sa haute estime et de sa tendre affection. Près de Monseigneur, se trouvaient MM. les Archidiacres, les vicaires généraux, les membres du chapitre, les curés de la ville, les anciens vicaires de la paroisse, et un nombre considérable d'ecclésiastiques. Puis venaient les représentants de l'armée, de la magistrature, de l'administration, des délégations de l'ancienne école normale, des communautés, et des autres établissements religieux de la ville.

Après la messe qu'on nous avait invité à chanter comme ancien collègue de M. Lecompte et son ami particulier, Mgr Coullié donna l'absoute et le cortège se reforma pour se rendre au cimetière Saint-Vincent où se trouvait la tombe de famille. « En face de cette

tombe, ajoute le rédacteur des *Annales*, pour
confirmer ce que nous disions nous-même
tout à l'heure, pendant les dernières prières
récitées par M. l'abbé Huot, nous avons vu
couler bien des larmes, entendu de ces cris qui
jaillissant du cœur et des lèvres du peuple,
composent tout un éloge funèbre et révèlent
combien la mémoire de l'humble et charitable
prêtre est en bénédiction. »

Cette mort et ces funérailles furent un
évènement pour la ville d'Orléans. La presse
locale, qui trois jours auparavant avait annoncé
le décès de M. Lecompte, s'honora de nouveau
en consacrant à la cérémonie de ses obsèques
des articles (1) que nous aurions voulu reproduire si nous n'avions craint de donner à notre
notice de trop grandes dimensions.

Une pierre tombale surmontée d'une croix
incrustée de marbre blanc due à la piété et à
la reconnaissance des amis de M. Lecompte
recouvre maintenant la dépouille mortelle du
cher et vénéré défunt. Sur cette croix on a
gravé en lettres d'or cette double épitaphe, car
le frère et la sœur qui s'étaient si tendrement
aimés pendant leur vie se trouvent maintenant
réunis dans le même tombeau :

(1) Voir le *Patriote orléanais*, le *Journal du Loiret* des
3 et 4 avril, les *Annales religieuses* du 9 avril.

ICI REPOSENT LES CORPS
de
JEAN - VICTOR LECOMPTE
Ancien Curé de Saint-Pierre-le-Puellier
Chanoine honoraire d'Orléans, Officier d'Académie
décédé le 30 Mars 1892, âgé de 74 ans
Bienheureux celui qui compatit à la souffrance
et à la pauvreté (Ps. XL. ⁊. 2)

MARIE-ANNE-CLOTILDE LECOMPTE
décédée le 9 Mars 1878, âgée de 54 ans.
Dieu l'a sanctifiée par la foi et la douceur (Eccl. XLIII, ⁊. 4)

Cette tombe ornée de fleurs et de couronnes, couverte de rameaux bénits, est souvent visitée. Chaque jour, des amis, des malheureux, des malades, des affligés viennent y prier dans l'espoir que celui qui leur avait été si compatissant pendant sa vie, ne les oubliera pas après sa mort. La croyance populaire redit déjà des faveurs obtenues par l'intercession de M. Lecompte. Nous ne nous prononcerons pas sur ces faits : nous nous abstiendrons même de les relater.

Mais nous terminerons cette notice en affirmant que les Orléanais conserveront à jamais le souvenir de ce prêtre si pieux, si charitable; et que sa mémoire restera toujours en bénédiction dans notre cité : *Generatio rectorum benedicetur. — In memoriâ æternâ erit justus* (1).

(1) Ps. CXI, 2-7.

www.ingramcontent.com/pod-product-compliance
Lightning Source LLC
Chambersburg PA
CBHW071943100426
42737CB00046BA/2066